天下·文化
Believe in Reading

咱的時代，咱的光

臺灣文化的傳承與創新

張雅琳、黃怡蒨、黃翎翔、顏怡今——著

目錄

序	日頭出來，猶原是好日子	司馬文武	6
序	一攬芳華，看見臺灣的希望與未來	臺北西區扶輪社	8
序	向傳承臺灣文化的推手們致敬	王政修	10

楔子　　**文化覺醒，
　　　　從狂飆年代走向新派復古**　　12

第一部 音樂

傳統歌謠永續傳唱，
留存族群文化

藝術與行政天賦兼具的音樂家
陳郁秀
近半世紀努力，擦亮臺灣文化品牌　　26

傳承四代南管百年館閣
清雅樂府
沒人接手就不放手！堅守雅樂不絕　　34

原住民古謠復興者
周明傑
傳唱部落歌謠，找回族人驕傲　　42

復振地方民謠的代表性組織
恆春鎮思想起民謠促進會
跨世代同心傳唱，臺灣古調名揚國際　　50

第二部 戲劇

今日的創新，明日的傳統

北管戲曲世紀風華見證者
邱婷
亂彈家族之重，為傳承殫心竭慮 — 66

客家大戲當代名伶
陳芝后
演而優則教，全齡推廣客家戲 — 74

以歌仔戲做外交的青年大使
許家綺
無論台前幕後，只願投入戲曲人生 — 82

荷籍偶戲研究及推廣學者
羅斌
旅臺逾三十年，推廣布袋戲熱情不減 — 90

58

第三部 影像

時代動盪下最有渲染力的發聲

小兒科醫生斜槓攝影師
黃伯驥
決定性瞬間留下珍貴時代故事 — 106

鳥類生態紀錄片先鋒導演
梁皆得
一輩子拍鳥，肩負生態保育使命 — 114

心懷臺灣的藍領攝影師
楊順發
唯美取代說教，傳達深沉國土危機 — 122

98

第四部 美學

從賽事到日常的美學競爭力

創新畫素式風格木雕家
韓旭東
自學不斷，以創作回應數位時代 … 138

首位登上紐約時裝週的臺灣設計師
吳日云
跨域無限，一心傳遞生活美學 … 146

跨越國境的地景藝術領航者
林舜龍
用藝術連結人和土地，臺灣更美好 … 154

斜槓的花磚職人
徐嘉彬
重振臺灣花磚美學邁向國際 … 162

第五部 文學

挺過暗黑時代，純文學不死

以詩論政的詩人
李敏勇
以詩為力量，針砭時事推展文藝 … 178

臺灣文學系重要推手
彭瑞金
透過評論讓筆耕一輩子的作家被看見 … 186

竭力推廣臺語文的熱血鬥士
李勤岸
七十多歲還用 AI 創作臺語詩 … 194

臺語文數位資源整理者
楊允言
盡畢生所學讓臺語文接軌智慧科技 … 202

第六部 教育

大時代動盪下的體制巨變

210

建構臺灣美術史的關鍵學者
蕭瓊瑞
以歷史縱深推動藝術教育　　218

跨域創作知名音樂家
董昭民
東西融合，玩出音樂無限可能性　　226

原舞者創團人
懷劭・法努司
百萬公里的堅持，以樂舞引領青年尋根　　234

結語　**利他利己，創造社會良善循環**　　242

附錄　臺北西區扶輪社「臺灣文化獎」歷屆得獎人　　246

序 | 日頭出來，猶原是好日子

司馬文武 著名文化評論人、專欄作家

臺灣在七十年代開始有了結社自由，逐漸建立起形形色色的民間組織，在經濟、政治轉型時期，扮演依託的角色。結社自由讓民間力量蓬勃發展，扶輪社更是其中典範。他們擁有各行業代表，跨區跨行、互相支援，並且關懷弱勢、服務社區、貢獻社會、急難救助、推廣文化藝術，結合國際社團。

1954年成立的臺北西區扶輪社是第一個以臺語為主要語言的扶輪社，當時本土仕紳，包括五大家族、各界精英，群賢畢集，漪歟盛哉。西區社七十年，見證了戰後滄桑，也對經濟發展、臺灣意識、文化藝術和公民社會的推動，功不可沒。

七十年代臺灣經濟起飛，獅子會、青商會和扶輪社，成為中小企業主的俱樂部。黨外運動風起雲湧，民間企業和社團是最大的支柱，出身扶輪社的黨外領袖比比皆是，國民黨內的改革派也是如此。從戒嚴走向第三波民主潮，扶輪社參與全部過程，它是社會的中流砥柱，代表保守和穩定的力量，但也是改革和創新的力量。

最令人感動的是，西區社對臺灣文化長期投入心力，舉辦各項文化獎助活動，培育文化藝術人才。他們深知有文化底蘊的社會，才是有活力有創造力的，可以安身立命的地方。

有人以為山川宏偉使心胸開闊，而島國地理會讓人心胸狹窄，這是可笑的偏見，事實剛好相反。歷史上最有創造力的，都

產生於擁擠繁忙雜亂的小地方，尤其島嶼和港口，商人聚集，消息靈通，充滿危險和機會，勇於探索，勇於開拓，對未知世界充滿好奇。

這樣的環境，是靈感和創造力的溫床。義大利的文藝復興、歐洲的啟蒙運動、大航海大發現、工業革命，都從港口和島國出發，這是有其道理的。美景當前，觸動感官，讓人心曠神怡，不知所以，但光是高山大海絕對產生不了偉大的思想家，只有知識信息和心智交流，才能開拓心胸和視野，激發創造活力。

西區社所推動的臺灣文化獎，數十年來，培育各項文化人才，在本土社團中用力最多、貢獻最大，這種遠見特別令人讚佩。

臺灣文化最大的特色是適應力、包容力和多元化。早期以南島原民文化為底色，荷屬時代採用大龜文，鄭氏東寧政權帶來漢字文化，清治時代帶來閩南文化，日治帶來東洋文化，戰後帶來的中原文化，加上無所不在的西洋文化，現在又增添新住民文化，層層堆積，凡走過的必留下來，當作養分，形成今天五彩繽紛、充滿創意、活力洋溢的臺灣新文化。

新世代的歌手、樂團、舞蹈、工藝、作家、詩歌、雕刻、繪畫、設計和策展人才，遍布偏鄉角落；許多團隊經常受邀國際演出、辦展，逐漸出現新臺灣的文化樣貌，和中華文化的味道不同，這是「性相近，習相遠」的自然規律。

臺灣面積不大，天然資源有限，但我們擁有全球矚目的科技產業，更有豐富多元的庶民文化，在國際建立好口碑，讓臺灣尚勇這句話如此順口，如此合拍。臺灣是新興國家，內外憂患不斷，但臺灣還年輕，永遠自強奮勉。幸賴上天眷顧，臺灣擁有上百座三千公尺高山，四面藍海，山林青翠，島嶼恆春，只要日頭出來，猶原是好日子。

序　一攬芳華，看見臺灣的希望與未來

臺北西區扶輪社

　　這本書，是一個時代的縮影，也是一群人對愛與信念的詮釋。《咱的時代，咱的光》以二十二個真摯的生命故事，串聯起臺灣土地的脈動，凝聚臺灣人的歷史、容顏與記憶，更彰顯古典扶輪精神的傳承與永續。

　　透過篇章的集結，人、土地與歷史交織，勾勒出臺灣文化的多樣面貌，也喚起我們對這片土地深藏的情感與驕傲。

　　然而，什麼是臺灣文化？它的特色是什麼？又該如何認識它？這些問題可能眾說紛紜，而臺北西區扶輪社三十年來堅持舉辦的「臺灣文化獎」，或許能為我們提供答案。

　　「臺灣文化獎」自設立以來，不僅肯定得獎者的心血，亦見證了臺灣從戒嚴到民主化的歷史進程，及藝術文化的蛻變與多元價值。其背後的文化溫度與歷史印記，更是這片土地無聲的訴說。

　　追溯源頭，「臺灣文化獎」的精神早在 1954 年便已萌芽，從臺北西區扶輪社創社之初的「扶輪獎」到 1984 年的「教育文化獎助金」，無不堅守著對推廣臺灣藝術文化的承諾。七十年來，這份初心始終如一，陪伴著臺灣走過風雨，成為文化推動的重要力量。

　　七十年來，臺北西區扶輪社以人為本，透過文化視角訴說屬

於這片土地的故事。這是一場跨世代的文化旅程，它連結了因職業分類而聚集的扶輪人，也讓大家回到土地的情感與記憶中，重新認識臺灣深厚的文化底蘊。

這段旅程，讓我們不僅見證歷史，更有幸參與其中。透過實際行動，我們支持臺灣、珍愛土地，並將這份關懷化為認識自我、展望未來的力量。

我們進一步看見「臺灣文化獎」的意義不僅止於頒獎表揚，它更是扶輪社內文化教育的起點。以 2025 年頒發給合唱文化貢獻者為例，扶輪社如能策劃多場與合唱相關的活動，邀請社友共同參與，在欣賞中認識這門藝術的歷史、種類與特點。這樣的文化推廣，不僅能提升社友的美學素養，更能擴及更多友社，讓扶輪社團成為臺灣文化的穩定支柱。

這本書的出版，不僅記錄了「臺灣文化獎」的深遠意義，更見證了臺北西區扶輪社多年來對文化的熱忱與奉獻。展望未來，我們將繼續支持臺灣文化的發展，並在教育推廣中注入更多創新與可能性，讓臺灣文化的光芒照耀得更遠、更廣。

扶輪的故事，從個人到團隊，始終與這片土地緊緊相連。未來，讓我們攜手 TEAM TAIWAN，共同守護文化、傳承歷史，開創嶄新的文化篇章。

謝謝所有為臺灣文化默默耕耘、負重前行的藝文工作者，讓我們能更清楚的認識自己，照見那些正隨著歷史脈動不斷地成長豐盛的文化基因。

臺北西區扶輪社所有的夥伴們，在同行中，我們在彼此眼中看到了光，在光中看見希望，也迎來臺灣的未來。

序 向傳承臺灣文化的推手們致敬

王政修 臺北西區扶輪社第七十屆社長

　　七十年前，在臺北西區商業發達、人文薈萃之地，以臺語為例會語言的臺北西區扶輪社在戒嚴時期成立，經過無數前輩悉心引導，社員始終秉持著內心良善、認同臺灣文化的理念，積極服務於社會。

　　因深刻體認文化是社會文明、國家發展的重要基石，臺北西區扶輪社長期關注臺灣文化，並於 1995 年開始頒發「臺灣文化獎」給在各個領域中表現傑出或深具潛力的文化工作者，多年下來已有超過了百位對臺灣文化研究、推廣、保存等有貢獻的人士獲獎。

　　2025 年，臺北西區扶輪社迎接創社七十週年。有感於在這具有薪火相傳、承先啟後的重要時刻，有必要將「臺灣文化獎」這三十餘年苦心經營的痕跡忠實的記錄下來，集結成書，以做為七十週年的紀念事業。感謝翁嘉立前社長的發想，以及執行期間全程極力參與，更得理事會的一致支持，使最初的構思得以體現。

　　我們希望透過《咱的時代，咱的光》這本書的出版，向多年來在臺灣文化傳承上努力不懈的推手們致敬，包括得獎者與社友前輩們，也堅定了臺北西區扶輪社會一直走在正確的道路上，為文化路徑點燈；同時我們也期待透過每一篇得獎人的故事，喚醒

新世代對傳統文化的重視，並在傳統的基礎上創新未來。

在此要特別感謝曾任國立故宮博物院院長，現任北師美術館總策劃的林曼麗教授，對臺灣文化的總體發展提供珍貴見解；還有「臺灣文化獎」歷屆的評審委員，包括臺北藝術大學音樂學院教授吳榮順、臺灣傳統戲曲教育家暨榮興客家採茶劇團藝術總監鄭榮興校長、人間國寶廖瓊枝老師、影像藝術家黃明川導演、景觀美學家許榮輝教授、臺灣國家文化藝術基金會董事長林淇瀁、前原委會主委暨東華大學榮譽教授孫大川等，以其專業為臺灣各個領域的文化發展爬梳出清楚的歷史脈絡，為本書增添許多極具價值的評論。

更要感謝受訪的每一位得獎者及團體，堅守傳遞臺灣傳統文化崗位，矢志不渝的努力，以及更多、囿於篇幅有限無法一一介紹的歷年得獎者，為臺灣帶來良善的曙光。

尤其，非常榮幸邀請到著名文化評論人、專欄作家江春男（筆名司馬文武）為專書推薦序撰文，增添無限光彩；感謝前社長林經甫為西區扶輪社序跨刀。同時，我也要謝謝遠見天下文化出版《咱的時代，咱的光》，成為臺北西區扶輪社開啟新里程碑的一大支持力量。

最後，要感謝臺北西區扶輪社紀念事業委員會主委前社長邱再興、副主委前社長翁嘉立，以及諸位委員的戮力襄助，全體社友慨捐善款；有大家的用心、盡力，始能成就這個文化傳承的階段性任務，再次鞠躬，表達由衷敬謝！

臺北西區扶輪社七十才開始，祝福「臺灣文化獎」綿延不絕，愈遠而愈盛。

楔子 — 文化覺醒，從狂飆年代走向新派復古

　　二十世紀末復古風潮席捲全球，這股風潮已非僅限於時裝界的一種循環過程，也有別於純粹的懷舊，而是用當代的視角擁抱舊時光的美好。就像是扭開時光的瓶蓋，讓過去的質樸與新世代的創意相遇，激盪出新的文化火花，不管是建築、裝潢風格、家具、生活用品、藝術、表演等，都掀起一股 New（新）與 Retro（復古）結合的新派復古浪潮，對年輕世代影響至深，甚至因此出現「Newtro」這個新的詞彙。

　　回顧解嚴後的臺灣，隨著外匯解除管制，熱錢湧入、股市指數飆上萬點，在那個臺灣錢淹腳目，全民瘋簽大家樂、瘋飆車的狂飆年代，思想、藝術、文化經過了戒嚴時期的壓抑之後，也迸發出強大能量，既期盼可以找回傳統價值，也積極享受創新的自由。各種地方戲曲不僅恢復野台演出，也進入劇場、國家劇院，藝術價值受到了肯定，布袋戲重返電視螢幕，開創盛極一時的霹靂布袋戲，甚至拍成電影，原住民音樂響徹國際舞台，被聯合國列入無形文化遺產保護的古老雅樂南管、地方民謠，不僅開始有年輕學子願意投入學習，創作方式也注入新意。

　　對於年輕人來說，復古其實就是一種創作元素；也有人認為，復古是一種反撲，在對抗現今的全球化趨勢，使得具在地特色的復古更加珍貴，也更符合提倡永續的需求。而擁有特殊歷史、地理條件的臺灣，正好擁有十足豐沛的動能。

臺灣介於中國大陸、日本及東南亞之間的關鍵地理位置，進入大航海時代後，短短四百年來就歷經荷蘭（1624年～1662年）及西班牙人（1626年～1642年）的占領、明鄭至清領時期（1662年～1895年）漢人的移墾、馬關條約後割讓給日本治理（1895年～1945年），以及中華民國政府播遷來臺的巨大改變，對政治、經濟、教育、宗教信仰、文學創作、藝術文化都造成巨大衝擊，並形成族群、文化多元共融的現象。

從漢文化到日本皇民化

荷蘭及西班牙占據臺灣，著眼的是將臺灣做為拓展東亞貿易的基地，加上分據臺灣南、北的時間不長，對於臺灣並不像對待歐洲殖民地一般進行文化擴張，只是為了方便傳教及編寫聖經，在教會使用的羅馬拼音文字，一直到現在依然成為原住民和臺語文的重要書寫方式之一。

明末至清朝時期，隨著漢族政權移轉，大量福建、廣東的族群遷移來臺，對臺灣帶來強勢的文化殖民，中國傳統的宗族制度、祖先祭祀、廟宇慶典，以及地主與佃農的經濟結構，民間信仰都於此時承襲了漢族文化。因應祭祀及慶典活動需求，地方戲曲也同時傳入臺灣，既為酬神，也是民間重要的休閒活動，從南管、潮州戲、閩劇、北管、歌仔戲、採茶戲等，百家爭鳴。

中國古典文學也在明鄭時期傳進臺灣，文人來臺開辦私塾，傳授漢人及平埔族子弟漢文。由於清朝移民以閩南人居多，文學創作也以臺語漢文為主，並融入臺灣的風土民情進行創作，造就

出許多優秀的臺灣古典文學家。地方戲曲落地臺灣後，同樣也開設館閣授課，其中北管戲因為活潑熱鬧，不僅有職業的亂彈戲班，業餘的子弟戲班更是遍地開花，蓬勃發展直到日治時期（1895年～1945年）。

1937年日本開始針對殖民地推行皇民化政策，戲劇的演出形式開始受到很大箝制，例如，歌仔戲要求混合東洋及西洋歌劇的表現方式，布袋戲的主角成了日本武士和浪人，口白也成了日語，同時限制了廟會及婚喪喜慶的演出，戲曲館閣大受影響。

日本人也透過教育制度的建立，進行徹底的語言同化及文化滲透，要求臺灣人要說、寫日文。在日本殖民政策下，臺灣逐漸失去自己的文化根源。由林獻堂及蔣渭水等人發起，訴求臺灣集體意識與思想的「臺灣文化協會」於是在1921年成立，呼籲從文化改革代替武裝抗日。主張消弭臺、日差別待遇的臺灣同化會、新民會等團體也紛紛興起，掀起了臺灣文化的啟蒙運動。

當時的臺灣人不僅努力保存自己的文化，更將這份執著延續到了未來的時代。

戒嚴至解嚴的風起雲湧

二戰後，中華民國政府播遷來臺，在文化上推行統一政策，強化國族認同，並推動「國語運動」，無論是日常生活或是戲劇演出。除了隨國民政府來臺的京劇，布袋戲、歌仔戲、客家採茶戲等非「國語」口白的戲曲，只能面臨被壓制的命運，私下傳唱。二二八白色恐怖事件後，隨之而來的戒嚴施行，更嚴格限

制集會活動，多數劇團演出機會都大為減少。

於此同時，由於美國對臺灣的軍事和經濟援助，也帶來美式文化的影響，無論電影、音樂、飲食、服飾，甚至文學創作等，都對臺灣本土文化造成衝擊，年輕人開始穿牛仔褲、聽爵士、搖滾音樂。

但還是有一群堅守本土文化的有志之士們，熱情未曾消減，在那個艱難時代記錄、保存、推動臺灣的文化。1954年，仍在戒嚴期間成立的臺北西區扶輪社，就是堅持以臺語為例會語言的社團，其成員包括了臺灣四大家族，鹿港辜家、霧峰林家、基隆顏家，以及高雄陳家。此外，還有銀行家、醫學博士、化學博士等各界精英，將發揚臺灣文化視為重要使命，首屆的「扶輪獎」，就特別針對文化、音樂、美術、體育、科學及醫學等，對國家社會有貢獻者提供獎勵，與日治時期的臺灣文化協會宗旨一脈相承，1984年的教育文化獎更直接支持母語教學。

1987年臺灣宣布解嚴，臺灣社會再經歷了一次文化轉型。數十年的威權體制結束，臺灣社會邁向民主化的同時，也帶來了強烈的本土意識。地方語言不再是問題，甚至政策上逐步推動母語教學，隨言論自由而來的是媒體及創意產業的蓬勃發展，也促成各種藝術、文學創作的自由及多樣性。原住民音樂、實驗性音樂、文化反思影片、獨立製片、臺灣文學均發揮極大創作力。

創新的同時，振興傳統也成了許多文化工作者努力的目標，尤其是音樂、戲劇表演在長期受到壓抑，以及影音媒體出現造成衝擊後，面臨了世代斷層、後繼無人的危機。在復古的同時，也透過加入創意變革吸引新世代、新的關注群眾，「創新復古」成

了重要解方,也是時代必然趨勢。傳統戲曲運用科技,將傳統布景結合燈光投影,甚至運用擴增實境(AR)手法增加舞台效果,布袋戲可以和義大利歌劇融合,恆春民謠和爵士樂、嘻哈樂手同台較勁也不違和,演出場域更是彈性自由,傳統與創新碰撞出亮眼火花。

然而,解嚴後的臺灣,經濟快速起飛,整體的社會風氣卻浮躁不安。鳳甲美術館創辦人邱再興、也是臺北西區扶輪社資深社員回憶,1990年代的臺灣,雖然股市高漲,文化底蘊卻日漸缺乏。做為電子產業的企業家,他意識到臺灣人內心的匱乏,這促使他在1991年創辦了邱再興文教基金會,他所加入的臺北西區扶輪社也在1995年正式成立「臺灣文化獎」這個獎項,希望鼓勵對臺灣文化有研究、推廣及保存的人士,1999年邱再興再成立鳳甲美術館,積極扶植本土藝術家。

邱再興以自己在東德拓展事業的生活經歷做為反思,他認為,即便歷經長期的共產統治造成經濟困頓,文化滋養仍能使人們內心充實滿足。

文化競爭力,社會前進指標

藝術文化不僅可以豐富個人生活,提升社會的人文價值,長此以往也能對周遭事物產生共鳴與尊重,進而推動社會的包容與溫度。臺北西區扶輪社2024年至2025年社長王政修指出,「臺灣文化獎」三十年來給獎範圍涵蓋了各個族群,獎項更是包羅萬象,正是為了展現臺灣文化的多元與包容;臺北西區扶輪社第

七十屆臺灣文化獎主委翁嘉立則強調，增進臺灣人對本土文化的認識，是提升自信心的關鍵。只有深入了解臺灣的文化魅力，才能在當前全球化的浪潮中，讓臺灣人與世界對話時更加自信，擁有自己的話語權。

現任臺北教育大學名譽教授及北師美術館總策劃的林曼麗認為，文化競爭力是社會前進的指標，但從她擔任臺北市立美術館館長及故宮博物院院長等職位至今，深知單靠政府力量的局限性，因此非常認同扶輪社以民間力量支持藝文的努力。

「藝術文化是人類生存的尊嚴，是國家的核心價值。如果一個國家沒有藝術文化，即使再怎麼強大也無法贏得真正的尊重，」林曼麗強調，文化愈具包容性就愈強大，臺灣的歷史匯聚了南島語系的原住民文化、荷蘭及明清時期的影響，還經歷了日本與國民政府的統治，形成了一個文化的交會點，讓臺灣文化具備無可取代的韌性與包容力，就像大海可以吸納各種不同的文化內涵。

林曼麗指出，在她擔任故宮博物院院長時，並不會特別否認故宮是中華文化的殿堂，因為中華文化來到臺灣，也就成為臺灣文化的一部分。

文化的核心在於「包容」與「主體性」。林曼麗認為，臺灣人應對自身的文化充滿自信，建立起清晰的文化認同。這樣，無論是原住民、閩南、客家，或是中華文化的各種元素，都能被納入其中，形成獨特的「臺灣新文化」。文化不必單一化，只要有主體性，這些多元的文化脈絡都能成為臺灣最珍貴的資產。

第一部

音樂

臺灣傳統歌謠的跨域、跨界演出或創作早已發生，

在全球化風潮下，

唯有保存在地特色的創新，

才能譜出動人樂章。

傳統歌謠永續傳唱，
留存族群文化

傳統歌謠是音樂創新的重要元素，
兩者並存才能在保有文化特色的情況下持續發展。

—— **吳榮順** 臺北藝術大學音樂學院教授

　　臺灣特殊的地緣位置，長久以來面臨不同的文化衝擊，成為音樂發展的珍貴養分，也涵養出多樣面貌。

　　從早期漢人移民帶來的南、北管等地方戲曲，西方傳教士進入臺灣後帶來的西洋音樂，日治時期蔚為主流的東洋音樂，還有本島的原住民音樂⋯⋯，交織出兼容並蓄的臺灣音樂文化。

　　日治時期則是臺灣音樂文化從傳統邁向現代化的關鍵階段。日本殖民政府在臺灣採行西式教育，將音樂科目納入學校課程，教授西洋音樂或歌曲，將音樂理論、樂器及合唱等音樂形式逐漸傳入臺灣，特別是合唱與管弦樂的教育，為臺灣音樂奠定了新的基礎。

　　在此期間臺灣音樂逐漸吸收樂理與技法，開始培養本地音樂人才。從教會及師範學校產生多位臺灣音樂家，大多前往日本進修專業音樂教育。

　　值得一提的是，當時的唱片，除了西洋古典音樂、日本歌曲，一般人聆聽的是京劇、南管、北管及歌仔戲等傳統戲曲，

通俗音樂也大行其道。尤其 1937 年到 1945 年厲行皇民化運動之前，因民間新文學運動的推波助瀾，臺語歌曲的創作量既多且精，還有教會系統的音樂家、學院派的西洋音樂學者加入，多方激盪造就了臺語歌謠的黃金年代，〈望春風〉、〈月夜愁〉、〈滿山春色〉均是此一時期的代表作。

1945 年臺灣光復。戰後初期，百廢待舉，又歷經二二八、白色恐怖事件衝擊，社會氣氛緊張，文化藝術活動難以維繫，直到 1987 年政治解嚴，在經濟成長、民生日趨富裕的條件下，才再度受到重視。

南、北管樂的發展分野

臺灣光復後，傳統音樂卻有著截然不同的發展路徑。臺北藝術大學音樂學院教授吳榮順以南管、北管為例，兩者雖然都是過去數百年間隨著福建和廣東移民傳至臺灣的音樂和戲曲，際遇卻大不相同。

北管音樂種類龐雜，包含了戲曲、鼓吹樂、鑼鼓樂和絲竹樂等，扁鼓、鑼、響盞和俗稱「大吹」的嗩吶都是常見的北管樂器，其熱鬧喧囂的音樂特質，特別適合在民間的迎神、建醮和喜慶活動擔任歡愉助興或烘托氣氛的工作。另外也有戲劇形式演出的北管，即一般所稱的「亂彈」。

雖然歌仔戲的興起，讓北管劇團漸漸改弦易張，紛紛改唱起歌仔戲，但其音樂和戲曲唱腔的影響仍舊源遠流長。臺灣人民的生活中，無論祭典、廟會、婚喪、嫁娶和娛樂，都有北管的一席之地。

反觀又稱「迌南管」的南管，取自臺語「迌迌」（tshit-thô）意指遊玩，人們在閒暇之餘把玩合奏南管，也在廟口傳唱，是以樂會友，也是生活。吳榮順曾在傳統音樂系任教，南管樂是系上主修項目之一，他半打趣說每每看到這些年輕的孩子要來學南管，自己都想向他們致敬，「南管最難的就是學習泉州音聲調。」

　　南管的音樂內涵、使用樂器、演奏型態均保存許多古老傳統，被譽為「中國音樂的活化石」。因為有一定程度的學習門檻，讓南管樂的傳承難度更高於北管樂，2009年聯合國教科文組織更將南管列為人類無形文化遺產，其珍貴性可見一斑。

　　幸而，一直以來各地由愛好樂音者所成立的館閣，有組織性地延續與保存南管。臺北西區扶輪社臺灣文化獎委員會第七十屆主委翁嘉立表示，過去「臺灣文化獎」曾數次以「南管表演藝術文化」為頒獎主題，獲獎的館閣成員跨越了不同世代，為古樂注入新活水。

　　獲獎的館閣「清雅樂府」在社員的積極參與之下，成為臺灣近年來推廣南樂的活躍演出團體；「臺南市南聲社」具有超過百年的悠久歷史，曾與東南亞及歐洲國家音樂團體深入交流；「臺北市華聲南樂團」以保存典型廈門派的藝術形態為主要特色；來自大稻埕的「臺北市和鳴南樂社」則是廟宇與古樂文化緊密結合的重要典範。

　　光復初期，隨著國家語言政策主導了文化表達，客家、原住民等傳統音樂受到壓抑，不過，傳統客家歌謠仍在地方傳唱。

　　吳榮順長期近距離記錄與觀察臺灣原住民和客家族群的生活及音樂文化。他提到：「客家八音是客家文化很重要的一環，

它只為客家的歲時祭儀和生命禮俗服務，婚宴、廟會、慶典等場合都少不了八音。」

客家八音歲時祭儀必備

但在時代環境變遷之下，北部客庄的客家八音團為了生計開始吸收北管曲目，形成八音班也唱奏北管音樂的情形，「客家八音北管化」成為北部客家地區的集體共識。相形之下，南部六堆的客家八音仍維持最傳統的型態，在各項祭典中牽引貫穿繁複祭儀。

特別是在美濃地區還保存最完整的「敬外祖」風俗，新郎在結婚的前一日，依慣例要前往母親的娘家祖堂敬祖，全程都要有客家八音樂團隨行演奏。

然而，客家八音團日漸式微，許多敬外祖儀式場合幾乎只剩錄音帶伴奏。有感於客家八音的存續面臨挑戰，吳榮順近年投注心力製作專輯《聽到嗩仔聲就知庄中有大事》，詳實記錄六個客家八音團的悠揚樂聲，在第三十五屆「傳藝金曲獎」入圍三個獎項，就是希望傳續客家八音的音樂美感與文化意義。

1980年代之後，臺灣的政治環境逐漸開放，社會氛圍也趨向多元化，這一變化直接促進了音樂創作的自由與多樣性。

臺灣的原住民族音樂、獨立音樂與實驗音樂也在這一時期得到發展，胡德夫、巴奈等原住民歌手，開始以其獨特的聲線和音樂風格獲得廣泛關注。而這些音樂人不僅傳承了原住民族的音樂文化，也在創作中融入現代元素，使得原住民音樂進入主流視野。

不過，吳榮順仍擔憂：「真正會流失掉的是原住民傳統音樂。」原住民族的歌舞音樂多與祭典相關，如布農族小米豐收祭、阿美族豐年祭等，樂舞展現與演唱技法各具特色，但居住在平地的原住民，長期與漢人交涉、通婚，族群主體性受到主流漢民族同化，愈靠近都會區者，語言與文化流失隱沒的速度愈快，部落天籟之聲難以再現。

原民歌謠，部落之根

為採集臺灣最珍貴的聲音，多年來吳榮順帶著學生跑遍全臺，深入原住民山區部落。1991年到2008年間，吳榮順與風潮唱片合作發表了一系列原住民族音樂專輯，其中又以「平埔族音樂紀實系列」價值最高。

「原住民對於族群的歷史記憶與文化傳承，過去是透過口說或吟唱方式進行，」在吳榮順所寫的《泰雅史詩聲聲不息——林明福的口述傳統與口唱史詩》一書中，記錄了這個獨特的傳統，原住民唱的不只是生活，更承載尋根、溯源的共同記憶，「他們的文化是靠著歌謠傳遞，只要把這套東西留下來，族群的歷史也就留住了。」

臺北西區扶輪社臺灣文化獎委員會第六十六屆主委王政修回應吳榮順的論點，強調「臺灣文化獎」的設計便是希望能獎勵對臺灣文化傳承與發揚具有貢獻事蹟者，喚起大眾對於文化的重視，2021年甚至頒獎給因病離世十餘年的「噶瑪蘭族之父」偕萬來，「我們考量的是他對族群復振貢獻良多，帶領著噶瑪蘭

族完成正名，找回傳統文化，噶瑪蘭族文化能夠留存，偕萬來功不可沒，」王政修肯定地說。

愈是遠離都市文明的地域，因少與外界交流，愈有機會讓傳統文化得以自成一格留存，展現地方文化特色。恆春鎮思想起民謠促進會與滿州鄉民謠協進會，就是最好的例子。

恆春月琴民謠近年在全球各地發光，除了地方團體的持續推廣和創新演唱，恆春半島已有朱丁順、張日貴和陳英共三人被登錄為國家級的重要傳統藝術保存者（人間國寶），負起傳承授藝的重責。

吳榮順指出，傳統歌謠的跨域、跨界早已發生，因為傳統音樂是創新的重要元素，兩者並存才能在保有文化特色的情況下持續發展。他舉滿州鄉民謠協進會這幾年參與傳藝中心「傳統藝術接班人駐園演出計畫」為例，協會把戲劇結合古調民謠演出，歌聲動人、情感真摯，聞者無不動容，「誰說傳統不能表演？」透過專業編排，一樣能細細品味滿州民謠的特色與精髓。

從古老歌謠到現代的創新，臺灣音樂恍若一部豐富多彩的文化詩篇。創新不應是對傳統的悖離，而是對其延續與昇華。我們要為下一代留存什麼樣能夠代表臺灣的音樂內涵，是值得深思的命題。

（文／張雅琳）

陳郁秀

藝術與行政天賦兼具的音樂家

近半世紀努力，
擦亮臺灣文化品牌

1998
臺灣文化獎
音樂類

曾經有位女孩，十六歲時帶著家人的期待，遠渡重洋赴巴黎音樂學院深造。第一堂課老師就問她：「可以為大家介紹你國家的音樂嗎？」成長於戒嚴時期的她，從小接受填鴨式的教育學習，對這個問題啞口無言。

「如果妳想要成為世界級的藝術家，心裡必須要有一個根，就是妳的文化，它是讓妳和別人不同的地方。」這位老師給了她影響一生的忠告，讓她意識到，文化的根源與詮釋權，對一位藝術家的重要性。

1976年，她帶著當年深埋心中的種籽回到臺灣，任教於臺灣師範大學音樂系；2000年起，陸續擔任文建會主委、總統府國策顧問、外交部無任所大使、國家文化總會祕書長、中正文化中心兩廳院董事長等公部門要職；2016年接任公共電視董事長，推動臺灣文創產業及各項文化政策，迄今已近半世紀。

她，就是陳郁秀。身為職業音樂家，至今仍在為臺灣文化持續努力著。

藝術推廣的無限可能

前民進黨立法委員盧修一在世時，是鼓勵她不斷前進的最大動力。他們在巴黎相識、相戀最後結為連理，完成學業後攜手返臺，為自己的土地奉獻。受到法國重視文化的啟發，她與夫婿盧修一返臺後，決定肩負起推動臺灣文化的責任。

陳郁秀在巴黎接受的是完整的古典音樂教學和演奏訓練，

她希望將這套方法帶回國內,幫助學生成為優秀的音樂家。回國後,陳郁秀在臺灣師範大學音樂系任教,一教就超過二十年,後來成為系主任、研究所所長及藝術學院院長,在推廣古典音樂時便展現了前瞻視野,她號召系內師生在大安森林公園舉辦音樂會,讓古典音樂與市民的生活緊密結合。她直言:「音樂的力量不應局限於特定場所或群體,而是遍及社會每個角落。」

秉持這樣的理念,陳郁秀和盧修一共同創辦的白鷺鷥文教基金會,多年來也致力於推動「弦歌琴聲下鄉運動」,將音樂帶進偏鄉學校,讓那些平日難以接觸古典音樂的孩子也能體驗藝術的美好。1997 年起舉辦的「愛,別走開」公益演出更是

(左)陳郁秀(中)協助盧修一成立的白鷺鷥文教基金會,以音樂為力量,為社會帶來良善風氣。(圖片提供╱陳郁秀)

(右)每次陳郁秀(彈琴者)舉辦音樂公益活動,盧修一(中)必會前往打氣。(圖片提供╱陳郁秀)

深入醫院，將音樂送到病床前，用音符撫慰病患的心靈。

這種以音樂為力量，為社會帶來良善風氣的作為，也讓陳郁秀在 1998 年以音樂家身分，獲得臺北西區扶輪社臺灣文化獎「西洋古典音樂獎」肯定。

陳郁秀對古典音樂與現代音樂形式的看法，展現出她對音樂的深刻理解與包容。她認為，古典樂之所以歷久彌新，是因為它在時間的洪流中展現的價值與魅力，經過數百年，它仍然是音樂教育的根基。

現代音樂形式則以大膽創新與多樣化的風格，挑戰著傳統的框架。對於新興的音樂形式，陳郁秀認為，不應該以「好壞」來評價，她強調，音樂的價值無法單純依賴當下的認知來判斷，而是需要時間的洗禮。

打破框架的古典音樂教育

相較於傳統的嚴格教學方式，陳郁秀在推廣古典音樂給年輕一代時，認為方式必須有所不同，因現今年輕人學習態度是自由開放的，她強調，「應該讓學生在自主性強的環境中學習，」師資最重要，好的老師不僅教導知識，更應該讓學生體驗學習過程的樂趣，並培養他們的團結能力。例如，透過共同演一齣戲或創作一件作品，來增進團隊合作的精神。

陳郁秀也提到，即便高科技能取代許多創作技術，音樂和繪畫的基本技巧仍至關重要，是感動人的關鍵。「音樂是否能打動人心，取決於它是否具備生命力、架構和能量，而這些都需

要靠扎實的基本功去累積,」她說。

2000年,臺灣第一次政黨輪替,陳郁秀出任文建會主委。經過二十多年教育工作的訓練,她對行政業務已相當熟稔,唯獨對當時公民意識覺醒的全新議題「社區總體營造」領域相對陌生。憑著金牛座的韌性和決心,在三年多的時間,陳郁秀親自造訪二百多個社區,深入了解各地的需求和文化特色。

「不會就學,我會聽,」她不斷與社區居民對話,從中學習、吸收,逐漸在這個領域中找到了前進的方向,也推動了臺灣社區總體營造的進程。

「這些都是臺灣文化的根,」一如古典樂是所有音樂的根基,不論是和聲、對位都講究一定的規範與深度,文化也是如此。陳郁秀舉2024年成功大學歷史系在大學申請分發掛零的例子,校方解釋這是因為受到人工智慧(AI)浪潮的影響,但她認為,即便在高科技時代,臺灣仍必須擁有以歷史文化為根基的AI內容,沒有文化就會像失根的浮萍,臺灣將失去獨特性,沒有自己的品牌。

三七法則的平衡之道

近五十年來,她以「三七法則」為準則:百分之三十的精力放在「必須要堅持的基礎工程」,百分之七十用於推動「大家都能做的政策」,由下而上的推動,改變臺灣的文化生態。

她在擔任文建會主委的四年間,構築了文化政策的基石。針對文化資產、文化環境、文化產業,以及文化人才的培育等

推出一系列政策，至今仍影響著臺灣文化界。

陳郁秀深知，「政策推動需要穩固的根基，沒有根的文化，會失去它的詮釋權與全球競爭力。」這一信念支撐著她，使臺灣的文化在全球化浪潮中仍保有鮮明的特色與價值，即便不再擔任文化首長，她推動文化的步伐未曾停歇。

2023年年底，陳郁秀完成了歷時二十年規模浩大的《臺灣音樂百科辭書（增訂新版）》。這份文化長卷記錄臺灣音樂的點滴，凝結了她對臺灣音樂發展的心血與期待。然而，她的計畫並未就此止步，近年，她正與國立歷史博物館合作，預計用十年時間編纂一部關於臺灣生命禮俗的套書，並全力推動本地手工藝的精緻化與市場化。她說：「我可能看不到結果，但還是要一步

陳郁秀策劃出版的《臺灣音樂百科辭書》，
完整呈現臺灣音樂文化四百年歷程。

陳郁秀懂得結構化的思維,不僅在音樂領域有卓越成就,
執掌行政事務也得心應手。

一腳印地去做。」

在談及這一長遠的文化計畫時，她的語氣中帶著一絲柔和卻堅定的執著。這段文化路徑，是她與臺灣文化發展相互交織的足跡，無論世事變遷，她的每一步都在擦亮臺灣文化品牌。

結構化思維的力量

一般人對藝術家的形象多半是特立獨行、與大眾格格不入，但出生藝術世家，因音樂而生的陳郁秀，卻打破了這樣的刻板印象。從校園的藝術教育到官場的藝術行政，無論身處哪個領域，都將自身專業發揮得淋漓盡致，毫無違和感。

陳郁秀認為，做為一位鋼琴家和擔任行政首長在本質上是相似的，最大的共同點在於「結構的掌握力」。她說：「音樂家的一場表演，從一個音符、一個小節、一個樂章到整首曲目，是一個人完成所有的台上工作。音樂專業讓我學會了結構化的思維，與行政工作有相同之處，只是政府的政策計畫，需要眾人團結完成。」

畢卡索曾經說過：「像個專家先學會所有規則，才能像個藝術家打破那些規則。」陳郁秀的經歷正是這句話的最佳例證。她憑藉扎實的專業基礎，不僅在音樂領域有卓越成就，更在行政工作中遊刃有餘，將結構化思維運用到政策制定和推行中，展現了做為一位藝術家和行政領袖的雙重天賦與智慧，為臺灣文化奠定了堅實基礎。

（文／黃怡蒨）

清雅樂府

傳承四代南管百年館閣

2000 臺灣文化獎 南管類

沒人接手就不放手！
堅守雅樂不絕

臺中最大的觀音廟清水紫雲巖，東屏鰲峰山，鍾靈毓秀，是地方上名聞遐邇的信仰中心。每到週六下午，裊裊香煙中，總有陣陣悠揚樂音從四樓廂房傳出，是南管館閣「清雅樂府」的定期團練。

成立於 1953 年的清雅樂府，係因清水一群時常相聚聆賞南管的同好，出於熱忱，興起組織樂社、教學傳承的念頭，時稱「清雅堂」。爾後，在 1960 年改名為「清雅樂府」，館員精益求精，期間多次禮聘名師駐館授藝，一時樂風興盛。

不過，清雅樂府的起源，最早可追溯至民國初年的「聚德齋」。現任館先生（意即團長）黃珠玲自豪道：「不改名的話，我們也是百年歷史的館閣。」但當時並未留下更多文獻紀錄，唯有一個扮演南管音樂靈魂角色的樂器「拍板」保留了下來，上頭刻著「聚德齋」堂號，便是走過那個年代的最佳證明。

扛起百年館閣招牌

在黃珠玲的童年記憶裡，總是伴隨著南管清音。她的父祖輩奠下了清雅樂府南管傳承的基礎，父親黃金發和另外四位主力館員更有「清雅五虎將」的美名，經常至各地巡迴表演。

「早期清水有兩個南管館閣，如今只剩下清雅樂府持續推廣，」黃珠玲提到，現代社會士農工商各自奔忙，館閣日漸凋零，清雅樂府能夠傳襲至今，父親的堅持成了關鍵，「他很喜歡南管，對於傳承也有遠見。」

黃珠玲還有三個哥哥，但當時家裡接觸南管的孩子唯獨她一人，打從還在四、五歲的童稚年紀，她就被父親帶在身邊四處跑，即使長大求學，也在父親的要求下，未曾缺席館閣活動，「可

能爸爸覺得我的音樂天分比較高吧,」黃珠玲回想,父親從來沒有明言要她接手清雅樂府,是她自覺應該把這塊招牌扛起來。

繼承父志近二十年,黃珠玲追尋著父親的腳步,積極參與各類南管活動。想起父親投身振興南管的身影,忍不住紅了眼眶,畢竟一路走來她最了解父親付出多少心血,也因此矢志要成為清雅樂府的守護者。黃珠玲不把辛苦掛嘴上,甚至淡淡地說:「我比較幸運,要當那個承擔重擔的人。」

整絃大會考驗實力

「孟府郎君祭典」和「整絃大會」是南管館閣的年度盛事。孟府郎君指的是五代時期的後蜀君主孟昶,因通曉音律且擅長編曲,後世南管子弟尊奉其為祖師爺,每年春、秋兩季擇日祭拜;

(左)孟府郎君祭典於每年春、秋兩季擇日祭拜,圖為1994年12月清雅樂府的秋祭。(圖片提供/清雅樂府)

(右)1960年,清雅堂慶祝壽天宮天上聖母降生一千年,舉行南樂演奏。(圖片提供/清雅樂府)

「整絃」則意指南管的音樂盛會，名稱來自於樂器音色高低不一、在合奏前需要整絃調音之意。

只不過，近年來各地的祭典多簡化或取消，只有清雅樂府和臺南南聲社、鹿港聚英社少數館閣仍守著傳統。「爸爸當年很想復興這個傳統，所以那時候的整絃大會辦得很勤，只要是他認識的館閣，無論大、小都會盡量邀請來參加，」但籌辦活動畢竟耗費人力、物力，黃珠玲審時度勢量力而為，整絃大多配合孟府郎君祭典或地方廟會節慶時舉辦。

要在這場盛宴中登台會奏並不容易，「琵琶、三絃、洞簫、二絃，上四管等這些樂器，須分別由不同館閣的館員來同奏一首曲子，」黃珠玲笑說，沒有足夠功夫的人可不敢上台獻藝，因為學得夠深、夠廣，遇上不同的曲目才有辦法一一接招。既是以樂會友，也頗有切磋樂藝、展現各館實力的意味。

全神貫注登台不看譜

在音樂表現上，南管與北管有著強烈對比，前者含蓄婉約、優雅內斂，意境悠遠充滿古樂之風，後者熱鬧緊湊、激越昂揚，展現親切通俗的音樂風格。

觀看清雅樂府練習，沿襲「絲竹更相和、執節者歌」的傳統，是由歌者手執拍板，以制樂節，以「和歌」方式演奏，各樂器樂音細緻可辨，合奏默契完美到達綿密和諧之境，如滴水不穿。

黃珠玲解釋，南管樂曲分為「指」、「曲」、「譜」三類，「指」也稱「指套」，有譜、有詞，學習時須透過詞來背誦學習，但演奏時不唱；「曲」也稱唱曲，是南管音樂活動中最主要的部分；「譜」則是指完全使用樂器演奏，沒有人聲的音樂。

「最難的是背譜，上千套的譜全都要記在腦袋裡，」黃珠玲點出南管的演奏特性是登台不看譜，如此才能全神貫注在曲子的演繹上。此外，南樂特別講究曲韻頓挫與咬字發音，使用的語言是泉州腔的閩南語，「學南管的基礎要會唸、會唱，先跟著老師吟誦，慢慢磨，初學者唱到熟練少說要一、兩個月，」她說以前的老師都很嚴格，沒唱到讓他點頭，連樂器都摸不到。

學習門檻加深了薪傳不易，讓投入教學多年的黃珠玲特別有感。本來有意願來上課的學生，往往耐不住漫長的練習，半途知難而退，讓她不願再主動開辦課程，「倒不如想辦法把自己和館員的技藝提升，充實清雅樂府的音樂實力，吸引到真正有興趣的人。」

年輕人也認同雅樂

現在清雅樂府的二十多名館員當中，慕名來學藝的不少，黃珠玲不挑學生，「只要是對南管有學習熱忱的，我都願意收。」而張碧美就是其中一位。

十多年前黃珠玲在臺中南屯文昌公廟授課，張碧美在那時接觸到南管，後來就追隨黃珠玲的腳步來到清水，成為館閣的一員。她直誇黃珠玲的琵琶絕妙，「老師的琵琶是第一把交椅，所以一開始我是跟著老師學琵琶，後來除了洞簫，其他樂器都有學。」

黃珠玲的先生蔡山崑補充，南管合奏中，樂器各司其職，彼此之間又相互呼應，相輔相續，每個角色缺一不可，「南管樂器編制具備陰陽互補的關係，琵琶高亢輕亮、三絃溫潤柔和，

能在音色上互補，洞簫與二絃之間也是同樣概念的體現。」包括蔡山崑在內，館閣中樣樣樂器都學的人不在少數，「什麼都會的話，要替補哪個位置都可以。」

另外還有剛入門的莊翔宇，他和清雅樂府的連結有段巧妙機緣。黃珠玲的女兒蔡書媛提及，有天在辦公室聽到有人播放南管音樂大感訝異，打聽之下才得知同事莊翔宇竟也是古樂愛好者，甚至衍生一套「整理房間的時候聽南管感覺特別高雅」的論述，可見對南管的真愛不假。彼此認識後，開啟了莊翔宇每週從雲林遠赴臺中清水習藝的契機。

蔡書媛自承對南管的興趣，源自從小成長環境的浸潤，自然而然每種樂器都接觸。她謙稱只是學了點皮毛，但黃珠玲對天資聰穎的女兒寄予厚望，也慶幸後繼有人，嘗試以「口傳心授」的方式，由自己演奏示範，讓女兒模擬與仿效，再現傳統南管教學的傳習精神。

年輕人為何對有「傳統音樂活化石」之稱的南管產生興趣？蔡書媛一派輕鬆地答：「我流行歌還是照聽啊！只是把南管當做一種不同的曲風。」因為有了莊翔宇、蔡書媛這些年輕一輩的加入，為清雅樂府的悠悠古風帶來一股新生代的氣息。

年輕世代對南管的全新解讀，似也與清水早年樂風鼎盛的藝文素養遙相呼應，不僅南管活動興盛，1980年代更有愛樂者成立古典音樂協會，黃珠玲笑笑分享：「小時候我看過爸爸吹小喇叭，他也會拉小提琴，音樂興趣很廣泛。」常民生活展現海線小鎮中西薈萃的音樂品味，不自我設限。

每週團練前，館閣的長桌會擺上一疊傳統工尺譜，黃珠玲說：「光是整理出來的樂曲就有一、兩千首。」紙本保存容易破

因蔡書媛（左一）的加入，為清雅樂府的悠悠古風，帶來新世代的傳承動力。

損，以往只能代代手抄重謄，接下來在女兒的協助下，終於可以將這些重要文本和珍貴影像陸續電子化。

守護南管文化

從爺爺、爸爸早年招攬人才成立館閣，到黃珠玲和女兒的持續投入，這一家人如細水長流般的奉獻，讓南管這一門古樂得以延續。只是，每當有人說起：「清雅樂府是黃家人的。」黃珠玲都義正辭嚴地否認：「清雅樂府是公共財，我們只是在守護它，」她經常念茲在茲和女兒說起，如果沒有找到更合適接手的人，就不能輕易放手，「一旦放手，館閣可能就結束了。」

在南管式微的今日，清雅樂府仍是目前非常活躍的團體，其成就廣受各界肯定，包含 2016 年被臺中市政府登錄為傳統表演藝術保存團體，而早在二十多年之前也已獲頒臺北西區扶輪社第四十五屆臺灣文化獎。

「不管是精神上的支持，或物質上的資助，為南管館閣出錢出力的贊助者，我們就稱為『站山』（khiā suann），」憶起當年，黃珠玲以南管的專業用語來比喻獲獎對於清雅樂府的重要性，她語帶感性地說：「文化獎肯定了我們多年來的付出，原來默默耕耘了那麼久，還是有人看得到。」

當時，館閣的五位館員在頒獎台上帶來一段小小的演出，黃珠玲彈撥琵琶，父親黃金發吹奏洞簫，那一幕令他們同感榮耀的畫面，至今仍在每個人的心中閃閃發亮。

（文／張雅琳）

周明傑

原住民古謠復興者

傳唱部落歌謠，
找回族人驕傲

2013
臺灣文化獎
傳統音樂保存
及推廣獎

2002年，臺北藝術大學音樂學研究所考試現場來了一位考生，理論與術科成績都不是很突出，但當他拿出幾年來採集的一、兩百首原住民歌謠時，口試委員驚訝得說不出話來。

考生告訴教授，報考音樂研究所的目的，是希望學習如何專業採集並有系統整理保存原住民歌謠。這番話讓教授十分感動，當下決定錄取這位不一樣的學生 —— 周明傑。

有系統整理原民古謠

和所有排灣族人一樣，周明傑有黝黑的膚色和壯碩身型，卻直到三十歲之後，才在尋訪原住民古謠的旅程中，找到原住民的靈魂。

「原住民的古謠不只是旋律、祖訓及對大自然的描述，更是民族的古典文學和歷史，」周明傑強調，古謠的傳承與復興會促進「族群認同」，進一步讓世界看見真正屬於臺灣歌謠文化的獨特與珍貴。為了系統化整理古謠，他跟時間賽跑，翻山越嶺走遍臺灣原住民各族部落，從垂暮耆老的腦中攔截即將消逝的古謠完成採譜。

臺灣面積雖然不大，這塊豐饒土地上卻生活著二、三十個不同族群，在歲月的堆疊演進中，出現演唱、和聲、詞曲都十分多樣的歌謠系統。周明傑投身原住民歌謠採集工作近三十年，他驚訝地發現，原住民古老歌謠的演唱方式從最單純到最複雜的項別都有，和聲形式更是包含了持續低音式、和弦式、

平行式及對位式等,最為人所知的布農族的〈pasibutbut〉(小米豐收歌),繁複優美的旋律震撼國際,可說是臺灣人的驕傲。

走入藝術大學重新學習採集技術

從碩士讀到博士,周明傑花了十一年的時間,時常週一到週五在屏東國小教書,週六趕到臺北唸書,週日晚上再坐車回屏東。周明傑發現,從引發長者歌唱、錄音、整理錄音、聲音格式轉化、母語記錄、翻譯母語、採譜、譯譜到曲譜數位化等,每一個環節都非常專業。

「這些歌謠雖然沒有記錄成文字和樂譜,但部落長者腦袋裡有千百首的歌謠,要把聽覺上的旋律轉化為視覺上的音樂,需要啟動現代科技,也要有專業的採集技術,」周明傑說出了在

(左)周明傑(台上講者)投身原住民歌謠採集工作近三十年,堅定傳承祖先流傳下來的歌謠。(圖片提供/周明傑)
(右)因有系統保存原住民古謠的文化貢獻,周明傑於2003年獲選十大傑出青年。(圖片提供/周明傑)

小學教書教得好好的，為何非要辛苦奔波唸書的原因。

周明傑回憶說：「我的外型一點也不像是學音樂的，走在藝術風氣濃厚的北藝大校園，旁人還以為我是三鐵選手！」

從1997年第一場田野錄音起，周明傑迄今已採集近千首的原住民歌謠，數量之多，國內無人能出其右，其中又以排灣族和魯凱族的歌謠居多。他當年的碩士論文就是以《排灣族與魯凱族複音歌謠比較研究》做為研究主題。周明傑分析指出，排灣與魯凱兩族對於古老文化態度十分珍惜與尊重，傳統的階級制度或許也是歌謠得以保留下來的原因。他解釋，很多有關階級制度的儀式，都與歌謠息息相關，有儀式就有歌謠，兩者缺一不可。

心靈自覺找回生命原色

「曾經我是一個外表黝黑，內心卻被『漂白』的原住民，」五歲時就隨父母到平地生活的周明傑，從童年、青少年即至青壯年，接觸的都是漢人文化，他回憶，那時候非常著迷於歌仔戲、布袋戲，反而是真正屬於自己的排灣族文化，沒有人教他、也沒有機會認識，自然也一無所悉。

而立之年的周明傑回到山上教書，面對與平地截然不同的生活環境，他意識到自己對族人文化竟如此無知與陌生，除了膚色，自己儼然已變成平地人，所以從平地回到故鄉，反倒成了「異族」。有了這樣的醒悟後，周明傑教書之餘便去與耆老聊天，重新認識排灣族文化，聊天中見長者輕哼的歌謠，他靈機

一動:「何不教山上的孩子唱自己的歌呢?」

由於當時幾乎找不到排灣族歌謠的教學素材,周明傑便展開採集工作,拿著簡易的錄音機尋訪耆老,把一首首歌謠音符記錄下來。周明傑因為學過鋼琴,有過聽寫訓練,天生好音感讓他順利把耆老口傳歌謠寫成譜。儘管是土法煉鋼的採集,但周明傑成功地讓孩子唱起祖先的歌。

周明傑說:「原住民歌謠很美,歌詞常用隱晦的比喻,像是『喜歡』可能是『如雨水般』、山豬是『黑色的』、山羌是『細腳的』、山羊是『懸崖邊的』,長者在傳承時都會特別叮嚀,不可以隨便改歌詞,否則古謠獨特的韻味就不見了。」

周明傑研究發現,原住民因為沒有文字記錄的習慣(目前看到的圖文都是族群圖騰),所以很多族人的故事、傳說、詩詞、祭語、對話,都是由長者以口傳方式藉著古謠傳達,歌謠的旋律裡不僅有歷史,其古典、即興且實詞虛詞相互應用的特性,充滿獨特的藝術內涵。

獲金曲獎殊榮

完成北藝大博士學位後,周明傑這幾年陸續又走訪許多部落,其中像是拉阿魯哇族、卡那卡那富族人數少、文化瀕臨消逝的部族,周明傑都會抓緊時間前往,「那些歌謠都在長者的記憶裡,他們走了,歌謠就不見了,採集的工作是在和時間賽跑。」

周明傑分享他在平和部落進行歌謠採集的經驗,由於當時部落裡會唱歌謠的人正面臨嚴重凋零,工作進行時,耆老憂心

地告訴他：「這些歌謠如果不能繼續傳唱，族人的文化等同是消失了。」那次，周明傑幫耆老們錄製一張《sepiuma（平和部落）唱情歌》專輯，完成後帶去給耆老聽，當 CD 傳出歌聲的剎那，耆老們各個難掩喜悅地說：「現在就算死了，歌謠也可以流傳下去了！」老人家臉上的笑容讓周明傑更加堅定，自己走在一條對的道路上。而這張《sepiuma 唱情歌》專輯，也獲得第三十一屆「金曲獎」的「最佳傳統音樂專輯獎」。

對於現在很多主流音樂融合原住民歌謠進行創作，周明傑認為，這不僅反映年輕人逐漸跳脫熟悉的音樂型態，接納並欣賞非主流音樂，同時也顯示原住民歌謠被主流社會認識並喜愛。保存並復興原住民歌謠這條路上，他努力用行動向臺灣所有原住民傳達一個信念：「勇敢去找尋自身的文化！」

（左）原住民歌謠沒有文字，但周明傑長期深入部落採集，完成聽覺與視覺的音樂紀錄。
（右）周明傑將部落長者腦中千百首歌謠化為樂譜，保留祖先流傳下來的歌謠。

周明傑對於復興原住民歌謠的夢很大，
不僅要世代永留傳唱，更希望讓原民美聲唱往國際。

周明傑說:「不需在意別人的眼光與主流社會的批評,就算遇到挫折,都要告訴自己『我是原住民』,不屈不撓地找回生命的榮光與驕傲。」

慶幸部落青年的覺醒

這幾年,周明傑也開始積極與部落青年組織串聯。五、六年前他應屏東縣泰武鄉佳平村的青年邀請,前往採集歌謠,這些部落青年眼見祭典圍舞都以流行歌曲替代族人歌謠,憂心傳統文化消逝,因此請託周明傑協助採集部落的歌謠讓他們唱。

面對部落青年的覺醒,周明傑很是興奮,不僅一口答應且不負期望地達成任務,這些順利採集完成的古謠曲譜,在部落青年的認真練唱後,終於在 2024 年,讓祭典圍舞重新響起祖先傳下來的歌謠。

周明傑在復興原住民歌謠的音樂之路有個夢,他希望,臺灣有一天能成立包容島上各民族的「原住民音樂館」,館內有學者、研究員的正式編制,認真而有系統地研究這塊島嶼上的歌謠文化,讓國人認識並珍惜真正的原住民歌謠價值。周明傑的夢很大,不僅要世世代代傳唱,更希望能從國內唱往國際,將臺灣的原住民歌謠推向世界級的無形文化資產。

望著茫茫天際,周明傑說:「這個夢,也許這一生不能等到,但我會繼續把臺灣原住民歌謠一首一首找回來,至少不讓它在生命長河中消逝。」

(文/顏怡今)

恆春鎮思想起民謠促進會

跨世代同心傳唱，臺灣古調名揚國際

復振地方民謠的代表性組織

2024 臺灣文化獎
臺灣民謠演奏團體

恆春民謠是臺灣獨特的民間歌謠，如同「唸歌」的說唱形式抒發真實情緒、述說歷史與鄉間故事，內容可以是獨白，也可以是社會時事的批判，就像從土裡長出來的聲音，曲調輪廓和歌詞意涵都有自己的樣貌。

恆春鎮思想起民謠促進會成立三十多年來，除了一步一腳印地往下扎根傳承，更帶著年紀總和超過五百歲的長者站上國際舞台，與爵士、嘻哈、流行、戲劇等現代藝術交響共奏，激盪出新穎又摩登的古調音韻。這些突破讓流轉到二十一世紀的古調，沒有因歲月而凋萎，反而在恆春長出豔麗的花，馨香隨風飄散。

從少女唱到老的人間國寶

沿著一望無際的藍海、穿過歲月刻鑿的古城門，來到國之南境的恆春小鎮；如果你心思夠細膩又待得夠久，那麼，在老街巷弄裡會看見不少鎮民，或老或少背著一把月琴幽然走過；偶爾在熾熱的陽光下，隱約聽見遠處風吹來老嫗吟唱著：「思啊～想啊～起～」

恆春民謠主要包括〈思想起〉、〈四季春〉、〈牛母伴〉、〈平埔調〉、〈五孔小調〉、〈楓港調〉等古調，出生恆春大光的民間藝人陳達，帶著一把月琴遊走鄉間廟宇，用他蒼涼寂寞的聲音談唱悲苦人生，那種把生命唱進曲調裡的歌聲，引起臺灣文化界與音樂界注意，甚至邀約北上錄製黑膠唱片。

陳英認為恆春民謠是活的，
就算大家都唱同一首曲調，但因情緒與情境不同，唱出來的感情也不一樣。

然而，隨著陳達車禍意外過世，恆春民謠瞬間落寞。出生於 1933 年，已超過 90 歲的陳英回憶：「陳達過世那幾年，恆春民謠幾乎沒人在唱。」

陳英是文化部指定的人間國寶，母親是她學會恆春民謠的啟蒙老師。阿嬤回憶：「在田間割瓊麻、在家裡忙家事，或是得空坐下來喘口氣時，母親都會哼唱古調，聽著聽著不知不覺也學會了。」從少女時代到結婚步入家庭，陳英也和母親一樣時常哼唱恆春民謠。

陳英說：「恆春民謠是活的，即使同一個人唱同一首曲調，因為情緒情境不同，唱出來也不一樣。」

讓人驚嘆的是，陳英雖然不會寫字，卻是即興創作唱詞高手，「無兄無弟的孤苦」、「傳統女性的無奈」所有不能與他人述說的悲苦，都是陳英唱詞的靈感。也許是「近廟欺神」的心理吧？曾經很長一段時間恆春在地人視恆春民謠如敝屣，陳英至今還記得，年輕時，當她背著月琴騎上摩托車要去參加民謠比賽時，附近鄰居就會訕笑說：「又要去『枝』了！」（有些恆春當地人稱〈思想起〉為〈思想枝〉。）

凝聚共識成為在地驕傲

現在彈唱恆春民謠，都是先學唸詞唱調，曲調韻味精通了便配琴彈唱。但陳英十八歲就開始唱恆春民謠，卻遲至六十歲因獨特的民謠聲，張新傳老師親自上門送琴鼓勵，才拜師學習月琴。陳英客廳牆上，至今還掛著張新傳留給她的月琴，望著

那把老琴，阿嬤悠悠地說：「老師告訴我，恆春民謠是我們很特別的文化，他再三叮囑我，『絕不能讓恆春民謠不見，要唱到不能唱為止』。」

1989 年恆春鎮思想起民謠促進會成立，這個文化部頒布的無形文化資產「恆春民謠」保存團體，三十多年來為民謠的推廣、傳承和創新不斷冒險挑戰。總幹事趙振英說：「過往民謠的傳承多是口耳相傳，並沒有相關的樂譜，為了深耕下一代，初期長者投入採譜工作，經過定譜定調後再帶進教育現場。」同時，藉由恆春半島的學校及社團積極推動，讓孩子在有譜可看的情況，提升學習意願與成效。幾年下來，恆春民謠逐步從無人聞問，變成重要文化資產及全民運動。

2015 年，恆春民謠復興運動已經累積了相當的能量，屏東縣政府看到時機成熟，於是號召鎮民一起守護臺灣傳統藝術文化，成功以 1,070 人創下「最多人彈唱月琴恆春民謠」的金氏世界紀錄，而恆春鎮思想起民謠促進會自然是活動的重要一員。趙振英回憶，為了這場活動，傳藝老師很長一段時間利用晨間、午休，甚至下課時間到學校陪孩童練習，每個人都是卯足全力準備，當天活動結束時，大家感動地抱在一起興奮流淚，那一刻，恆春民謠成了大家共同的驕傲。

新舊碰撞，老調換裝變時髦

近幾年半島世界歌謠祭上，恆春民謠藝師與日本吉他、爵士、古典、嘻哈等樂手的台上「尬藝」，已成為活動的重頭戲。

2023年歌謠祭策劃讓恆春民謠藝師與爵士樂團合作表演，演出前，長輩甚至不知道什麼是爵士樂，但他們毫不膽怯，第一時間就決定嘗試，過程展露令人敬佩的毅力，反覆聆聽示範帶且不斷練習，最後成功地在舞台上用全新的方式，重現恆春古調的魅力。

2018年起民謠世界發聲推廣活動開始，人間國寶陳英帶領恆春民謠保存者（吳登榮、黃卻銀），國寶藝生（黃淑瑛、陳韻如、趙芳秀）及傳藝師們國內外「征戰」，海外足跡遍及日本、美國。每每表演結束，台下觀眾感動拭淚；趙振英回憶起，2018年美國芝加哥演出《牛母伴——嫁娶》後，一位華裔教授上前擁抱陳英說：「小時候回臺灣，總聽見祖母在屋裡低聲吟唱，以前不知道祖母在唱什麼，現在終於懂了。」

恆春民謠傳藝師於2024年受邀赴美演出，讓恆春民謠的歌聲登上國際舞台。
（圖片提供／斜槓青年創作體）

年僅二十三歲的趙芳秀，2024 年 6 月獨自背著月琴前往愛丁堡，在當地酒吧演唱恆春民謠。趙芳秀回憶：「演唱完時很多人趨前來撫摸這把月琴，驚訝兩條弦可以發出那麼多音調，聊天中也開口問我剛剛唱的是什麼，當時我就用不是太流暢的英文告訴他們：『這是臺灣最南端，一個恆春小鎮的古老民謠』。」當下「音樂跨越族群，產生共鳴、共感」的感動，至今仍讓趙芳秀難忘。

年輕人接棒，把老聲音傳下去

趙芳秀大學畢業後在臺南工作，為了民謠學習每週皆回到故鄉，跟著陳英當藝生學古調，雖然藝生生涯不長，但她其實小學

趙芳秀跟著陳英阿嬤當藝生學古調，並參與2024半島世界歌謠祭的表演活動。
（圖片提供／王煌鵬）

三年級就接觸民謠。她回憶：「當時因為有樂譜，所以學得很快，不覺得有什麼門檻。」但是隨著一年一年長大，趙芳秀發現小時候帶著他們唱思想起的長者也逐漸老去，她心想：「如果不能把這些老聲音學起來，哪天長者離世，古調可能也要變調了。」於是，她回到故鄉，跟在陳英身邊當藝生。

原以為自己有些基礎，學來應該不難，不料小時候以樂譜出發的底子竟成了阻礙。趙芳秀解釋：「阿嬤唱的民謠不像樂譜那麼固定，很多喉音轉韻無法用譜定調，我因為過去的經驗，很容易被樂譜綁住，」她為了唱出陳英的老味道，只能讓自己打掉重練。

對此，趙振英指出，其實在推廣的過程，學校及傳藝師們會隨時修正調整腳步，像是有關樂譜的使用，現在的策略是讓三、四年級學童於學月琴時接觸，如果是幼稚園或國小一、二年級幼童，就直接讓孩子跟著老師開口唱，不去看樂譜。另外，已經有基礎的中生代，也不需要回頭看樂譜學習，更重要的是，讓他們跟著傳藝師唱出民謠的韻味。

大力推廣與創新之下，恆春人現在看待民謠的態度有了明顯改變，趙振英說：「以前鎮上的家長寧可花錢讓孩子去學鋼琴、小提琴，也不來上免費月琴班，但現在家長態度變得積極，在大大小小的恆春民謠活動現場，都可以看到家長的鼓勵和陪伴。」這些改變不是一朝一夕，但傳承的根基既然已經扎穩，那麼，讓世界聽見恆春民謠的夢想自然不遠。

（文／顏怡今）

第二部

戲劇

明末清初至一九六〇年間，臺灣戲劇蓬勃發展，
有來自中國傳統戲曲的養分、
日治時期殖民文化的刺激、
二次世界大戰後國民政府播遷來臺的文化移植，
讓臺灣戲曲融合出不同面貌。

今日的創新，
明日的傳統

傳統戲曲從來都是與時俱進，具有時代性，
只是在滾動創新之時，必須保留自己的根。

—— 鄭榮興 榮興客家採茶劇團藝術總監

日治時期推行皇民化運動，
劇團的演出被迫融入日本東洋和西洋元素，
唱的曲調不再是七字調、都馬調，而是胡亂參雜了流行歌曲調。

—— 廖瓊枝 人間國寶

「原住民沒有戲，因為沒有文字、沒有劇本，所以原住民一直到現在，只有歌舞卻沒有傳統劇，」臺灣戲曲學院第一任校長、現任榮興客家採茶劇團藝術總監、2022年被文化部登錄為人間國寶的鄭榮興，以文字和語言的角度，重新詮釋了臺灣傳統戲曲的此消彼長，收攏臺灣傳統戲曲的龐雜枝節，呈現更清晰易懂的脈絡。

雖然從臺灣歷史的角度而言，漢族政權移植來臺是強勢的

文化殖民，但臺灣傳統戲曲的產生，的確是隨著漢人、華人遷徙入臺後才慢慢落地、生根，發展成屬於臺灣自己的樣子。

明末清初一直到 1950 年至 1960 年間，是臺灣各個劇種蓬勃發展的時期，有來自中國傳統戲曲的養分，日治時期殖民文化的刺激，二次世界大戰後國民政府播遷來臺的文化移植，讓臺灣戲曲宛如大熔爐，熔出了不同的面貌。

早年臺灣移民大多是從閩南及廣東等地區遷移來臺的客家族群，隨之而來的傳統戲曲包括梨園戲、潮州戲、閩劇等偏南方的地方戲，使用的語言以泉州話為主，帶有南方人細膩溫婉的風格。落地臺灣後，梨園子弟在演出之餘，也開設館閣授課，加速梨園戲的發展。

京劇成為主流劇種

清朝時，從徽班及其他地方戲曲融合而來的京劇，也在二十世紀初傳入臺灣，被稱為外江戲。當時在北京演出的劇團均被稱為京朝派，北京以外的便稱為外江戲，也稱海派京劇。

雖然京朝派京劇因服務於皇帝、高官，位高一等，但就精采度而言，卻是海派京劇更為精采，尤其是位於上海、福州的京班，大量使用機關布景，已然非常現代化。臺灣早期被推崇為「一代青衣祭酒」的京劇演員顧正秋，即是出身自海派京劇，後又師從京朝派梅蘭芳，而展現了兩派之間的絕佳藝術身段。

第二次世界大戰後，國民政府來臺，中國京劇「第一科班」

富連成社的元字科名家如馬元亮、哈元章等也隨之入臺。1957年時，京劇名伶王振祖創辦「私立復興劇校」(現為臺灣戲曲學院)，即由這些元字科的京劇名家擔任教師，負責教授下一代，成為京劇最重要的傳承者。

鄭榮興說：「國民政府帶來的京劇演員，都是當時中國最好的演員，就跟當年最精華的故宮文物在臺灣的概念相同。」再加上陸、海、空三軍也有各自所屬的劇團——陸光、海光、大鵬等，京劇因為政治成了主流的劇種。

歌仔戲融匯各大劇種

隨著不同地區的移民遷移入臺，臺灣的傳統戲曲發展也如繁花似錦，鄭榮興說：「其中，最重要的語言是閩南語和客家話，以閩南語為主要語言的戲曲是歌仔戲，而客家話則是發展出採茶戲，這兩種戲曲在清領時期即已存在。」

當時，歌仔戲的起源地在宜蘭，一開始的表演是採無舞台、無裝扮，業餘農村男性子弟在廟埕、樹下自娛娛人的形式，也就是俗稱的「落地掃」，後來受到臺灣最大戲種——梨園戲、亂彈戲的影響，漸漸發展成歌仔戲。

早期，梨園戲為了與粗獷熱鬧的亂彈戲比拚，因此納入了鑼鼓喧天的北管音樂，但語言唱腔仍採用南音，因而發展出南北交加、南唱北打的「交加戲」、「九甲戲」，並短暫流傳於臺灣。後期九甲戲沒落後，不少戲班改為演出歌仔戲，成為歌仔戲的

根源之一。

　　除此之外，1948年從廈門來臺演出的都馬班劇團，後來無以為繼，多數演員被歌仔戲班吸收，劇團的都馬調（又稱雜碎調）因此融入了歌仔戲。「臺灣歌仔戲吸收了九甲戲、亂彈戲、都馬班，甚至近代還融入了京戲，」鄭榮興表示，歌仔戲其實是海納百川。

日治時期「烏撇仔」歌仔戲

　　日治時期，日本政府為了加強對臺灣文化的控制，實施皇民政策，傳統戲曲演出形式受到箝制。出生於日治後期、2009年獲得人間國寶授證的廖瓊枝，15歲學習歌仔戲，成長的過程，完整經歷了皇民化階段的烏撇仔（歌劇Opera的日語音譯）歌仔戲、內台歌仔戲、廣播歌仔戲和電視台歌仔戲等時期。

　　「以前歌仔戲的內台戲，一齣戲的檔期就是十天，就像演連續劇一樣，一般觀眾白天都在工作，只有晚上才有時間看戲，買票入場，」廖瓊枝說，日治時期推行皇民化運動，劇團的演出被迫融入日本東洋和西洋元素，唱的曲調不再是七字調、都馬調，而是胡亂參雜了流行歌曲調，演出的服裝也不是傳統扮相，臉上的彩妝從傳統的黑白紅轉變為多姿多采，傳統歌仔戲演變為烏撇仔歌仔戲，雖也吸引到新的觀眾，但老一輩觀眾卻看不懂，常常罵聲連連。

　　皇民化運動結束後，歌仔戲的演出回復如初，但隨著廣播、

電視及電影院等新媒體橫空出世，對歌仔戲的衝擊不斷。初始，電視和電影皆為黑白畫質，對比真人戲台演出的活色生香，影響力不大，但隨著歌仔戲著名劇本比如《梁山伯與祝英台》、《江山美人》等翻拍成電影上映，吸收了大量傳統戲曲觀眾，看似互利雙贏，然而戲院營運及產業生態也迎來巨大的轉變。

廖瓊枝回想當年，內台戲的合作演出，從原本戲院邀請劇團演出，支付一定的「請戲」費用，轉變為劇團與戲院以售票分潤的方式，共同承擔票房風險，最後戲院為了節省費用，更以電影取代劇團演出，讓傳統戲曲與影音娛樂的影響力，自此陷入此消彼長的角力。

這段時期不單歌仔戲，各種傳統戲曲的生態皆面臨巨大改變，也包括了明清時期從閩南傳到臺灣，結合說書、操偶、音樂、戲劇及雕刻等藝術的布袋戲，同樣面臨了影音媒體出現帶來的衝擊，但因創新作為，成功吸引年輕族群。時至今日，傳統戲曲無論舞台表現、演出場域都有了很大的突破。

戲曲的與時俱進

「今日的創新，就是明日的傳統，」鄭榮興認為，因應時代需求，傳統戲曲不斷跨界創新吸引新觀眾已是常態，「傳統戲曲從來都是與時俱進，具有時代性，只是在滾動創新之時，必須保留自己的根。」早期歌仔戲創新看似無邊無界，但現在劇團皆有共識，歌仔戲就該保有傳統的歌仔曲調，但表演形式可各

顯神通。

　　「傳統戲曲的傳承與推動是『自己不做就沒有人可幫忙做』的狀態，老一輩演員對劇團、歌仔戲雖有責任，致力於傳承不遺餘力，但隨著年歲增長，從年輕拚到現在，已經不該由我們主導，」鄭榮興自承，自己的階段任務已經完成，該交由更有能力的年輕人主導，然而戲曲的發揚光大不僅是靠個人，還得看政府政策、投注資源，並透過教育，讓新世代能在生活中接觸傳統戲曲，養成親近傳統戲曲的習慣。

　　臺北西區扶輪社臺灣文化獎委員會第五十九屆及六十五屆主委林瓊瀛也指出，臺灣文化獎多次以傳統戲曲評選給獎，範疇包括北管、歌仔戲、客家大戲、布袋戲等，不單肯定長期耕耘的老將，也鼓勵接棒的新秀，就是希望臺灣傳統戲曲在傳統與創新之間取得平衡，隨著時代變化演繹流傳。

（文／黃翎翔）

邱婷

北管戲曲世紀風華見證者

亂彈家族之重,
為傳承殫心竭慮

2014 臺灣文化獎
臺灣傳統北管獎

2005年，亂彈嬌北管劇團製作的「再現亂彈──北管藝人潘玉嬌、劉玉鶯七十風華」，是藝文工作者邱婷為母親企劃的封箱之作。彼時，父親邱火榮擔任後場司鼓，年屆七十的母親潘玉嬌和姑姑劉玉鶯粉墨登場。在經典劇目《黃鶴樓》裡，邱火榮鬆緊有度的鼓板伴隨嗩吶吹牌，潘玉嬌飾演的周瑜一角舞弄翎子，英姿煥發，與飾演趙雲的劉玉鶯在樓台上激來罵去，看得老戲迷是大呼過癮。

台下的邱婷凝望著這一幕，內心五味雜陳，慶幸自己有此機緣成為北管亂彈一世紀風華的見證者。

從事戲曲文化報導與研究保存工作數十年的邱婷，為亂彈家族第三代，她的父母皆是文化部授證的重要傳統表演藝術保存者，是國內首見夫妻一同獲頒「人間國寶」的例子，極其難得。

邱婷的父親邱火榮出身北管世家，投入戲曲音樂逾一甲子，無「戲」不與，是同時活躍於北管、歌仔戲和布袋戲，集多項音樂專業於一身的全方位樂師，功力深厚。母親潘玉嬌則是臺灣亂彈戲曲資深藝人，能演小生、老生、正旦（青衣）等角色，其重要地位在傳統戲曲文化圈被譽稱為「亂彈嬌」，是提及北管歷史時，絕不能忽略的靈魂人物。

哪裡有戲場，哪裡是生活

浸潤在這樣的環境裡，邱婷自是耳濡目染。父母忙於演出，邱婷自小與祖母邱海妹相依為命。邱海妹是日治時期亂彈名伶，因嗓音技巧俱佳，以「女老生」名號享譽戲壇。邱婷早慧，自幼受祖母啟蒙學戲，後來稍大了些，開始跟著父母跑遍全臺的北管軒社。

「我的童年記憶最深刻的就是坐卡車，」邱婷說當時夜行貨車載著一箱箱的棉被、戲服，披星戴月地移動，輾轉漂泊於各地庄落。於她而言，眼裡只有富麗多彩的廟宇戲台，從小就熟悉那一塊塊拼出舞台的戲棚板，哪兒是戲場，哪裡就是生活，「童年歲月就是覺得好玩。」這樣的邱婷，卻在高中階段意識到戲曲人生的辛苦，起了思想上的變化，「都說『一命二運三風水四讀書』，我想扭轉我的命運，不想演戲就得考上大學。」

　　北漂唸大學期間，邱婷課餘還是泡在父母執教的北管軒社裡，並參與臺灣最後一個職業亂彈班「新美園」的演出，因此開展了另一種視角。當時深受文學家陳映真所創立的《人間》雜誌啟發的她，對報導文學和黑白攝影產生了濃厚熱情，而立志當記者，有意識地進行田野採集的工作，「新美園」即成了邱婷記錄的主角，她以紙筆和相機留下極其珍貴的戲班生活點滴。

　　當時農業社會仍保有淳樸的生活型態及信仰，逢開廟門、普渡及重要祭煞儀式，寺廟都要請來亂彈班「跳鍾馗」驅邪，而臺灣亂彈班最末一位鍾馗，正是邱婷的舅公鍾阿知。她手指一張深夜「跳鍾馗」的照片，畫面裡鍾阿知頭戴紗帽、足蹬草鞋、手持七星劍，緊抿雙唇默唸催動神咒，「這是臺灣民間最具神祕色彩的驅鬼、除煞儀式，由於禁忌繁多，所以並不適合觀賞。如果不是跟著戲班一起生活，我也沒辦法拍到這個畫面。」

　　踏入社會後，邱婷如願成為藝文線記者，也採訪起文學、舞蹈、音樂等領域的大師級人物。有幾次在記者會場合偶遇邱火榮，父親都幽默地向她打招呼稱：「邱記者您好。」她也順勢回應：「邱老師您好。」現場眾人聞言都不禁莞爾一笑。

她笑稱年少輕狂時有點叛逆，堅信人生要自己選擇，到外面的大千世界闖蕩後，卻像是宿命的牽引般，終究又回到了最親近的藝術身邊。重返崗位，邱婷感性地說：「覺得最終這裡還是需要我。」

從年少輕狂到創立亂彈嬌劇團

　　時代變遷，戲曲與寺廟活動相結合的屬性逐漸鬆動。臺灣俗諺云：「食肉食三層，看戲看亂彈。」用以形容亂彈戲在日治時期有過的輝煌。戰後之初也曾蓬勃復興，但 1960 年代起，隨著民間歌仔戲的流行，以及廣播、電視等視聽娛樂興起，亂彈戲逐漸淡出人們的視線，不少亂彈戲班為了生計，甚至「日演亂彈，夜演歌仔」。

　　隨著臺灣解嚴，報禁開放，平面媒體興盛，各大報都賦予民俗曲藝大量關注與篇幅，「北管戲」、「新美園」、「亂彈嬌」等關鍵字頻頻躍上版面。傳統藝術的聲量看似風生水起之際，卻已然面臨資深藝人紛紛年屆花甲、缺少新血加入的問題。亂彈戲何以為繼？這個問題開始在邱婷心中萌芽。

　　接受大學教育的知識薰陶，讓邱婷能夠跳開戲班子弟的思路框架，加上記者生涯接觸到國內外各種精緻表演舞台活動，大大拓展了她的視野。邱婷深知，傳統戲曲要走向現代，必須要有新的經營理念。

　　她很快地和父母取得共識，以潘玉嬌稱號命名的「亂彈嬌北管劇團」應運而生。潘玉嬌擔綱主演，邱火榮坐鎮後場，邱

婷則負責執行製作，希望在民間祭祀酬神的戲路外，為亂彈闢出一條走向劇場及文化推廣的新道路。

「回頭看以前做劇團，過程真的是滿辛苦，」邱婷打趣說如今想來都害怕，當初年僅二十多歲的自己，怎麼有辦法一邊忙於採訪工作，一邊還要忙著劇團製作，實在是勇氣可嘉。

1990年的創團首演，敲定潘玉嬌的拿手戲《黃鶴樓》，因應劇場觀眾的聆賞習慣將劇情鋪陳精簡化，幫助觀眾更能輕鬆進入劇情，並結合燈光、舞台設計等劇場技術，在傳統的根基上設計出新意，為亂彈戲的華麗轉身揭開序幕。

傾全力整理教材只為傳承

亂彈嬌北管劇團的創立，除了傳統戲曲迎向時代所必須面對的轉型，背後還有更深一層的「傳習」含義。邱婷一邊製作節目、為老藝人打造能被更多人看見的舞台，另一頭也是為了「以演帶訓」培養更多年輕人才。

邱婷話說得坦白：「亂彈戲這種古老聲腔本就難學，我只想為它續命，甚至在它走入歷史的最後階段留下珍貴紀錄。」所以在製作演出之餘，她積極投入口述整理及出版工作，先後完成兒童文學《媽媽上戲去》、報導文學《戲臺明滅》、《北管音樂領航者》及為母親完成生命史《出將入相亂彈嬌——一方舞台流轉人生》。

從創團以來，邱婷陸續製作出不少質優的北管戲，也從2000年起協助父親邱火榮著手北管曲譜整理與教材撰寫。先後

完成《北管牌子音樂曲集》、《北管戲曲唱腔教學選集》這兩套北管專書，打破昔日不外傳的口傳心授傳統，以曲譜加影像的方式記錄下父母輩的教學身影，讓新舊路曲牌及亂彈戲各板式唱腔，得以清楚完整地流傳下來。

不僅如此，邱婷更將三十年來的演出製作、北管教學有聲資料數位化，分享於「乾坤劇坊」的YouTube平台、文化部「國家文化記憶庫」，因為，「有授課需求的人時常打電話來商借教材，我都說網路上就有，就是讓大家都能看到，」她語氣豪邁，大方分享珍貴資產。

這份以振興北管藝術為職志的熱誠，以及對臺灣傳統戲曲文化傳統的記錄保存與推廣貢獻，讓她在2014年獲頒臺北西區扶輪社第五十九屆臺灣文化獎。

亂彈嬌北管劇團於1990年文藝季創團公演，邱婷成功結合兩代藝人，包含吳丁財、潘玉嬌、王慶芳等人，共同出演亂彈經典《黃鶴樓》。
（圖片提供／林國彰）

邱婷以振興北管藝術為職志，
對臺灣傳統戲曲的保存和推廣皆深具貢獻。

邱婷 2016 年為臺北市傳統藝術季策劃製作的北管音樂劇《阿母上戲去》，是她為雙親留下的亂彈珍貴紀錄。

亂彈家族人生真實上演

她以新創的音樂劇手法敷演亂彈藝人的生命縮影，三齣亂彈經典以「戲中戲」手法交錯呈現。在這部首創以音樂劇刻劃亂彈歷史的北管作品裡，把亂彈怎麼傳入臺灣、如何發展的脈絡梳理清晰。邱婷笑稱：「這就是我自己的真實故事。」訴說著三代亂彈家族悲喜交集的真實人生。

經歷了亂彈風華與繁華落盡，邱婷轉入教學現場，在文化大學中國音樂學系任教期間，有感學生深受西化影響，頭一年就讓她倍感挫折，邱婷堅持帶著學生從工尺譜學起，竭盡所能把一學期當一年用，希望讓學生吸收北管精髓。

除了戲曲演出，她也不斷嘗試將北管運用在各種表演型態上，也綜合北管、歌仔聲腔，為采風樂坊編作《吟詩作對歌仔調》多首作品；近年她在文大國樂「華岡藝展」編作的《秋瑾》，將北管鑼鼓及唱腔化身於不同樂器聲部當中，帶領學生並親自下場演唱，讓國樂系學生在投入現代國樂之餘，也能學習並參與亂彈戲曲。

做為亂彈的第三代，邱婷是這一古老聲腔傳入臺灣的見證者、參與者，如今，她更像一孤獨追尋前人背影踽踽而行的行者。

（文／張雅琳）

陳芝后

客家大戲當代名伶

演而優則教，
全齡推廣客家戲

2014
臺灣文化獎
臺灣客家戲獎

2024年7月，客家大戲《大山客》於國家戲劇院盛大演出，象徵著客家戲在臺灣戲曲界的地位獲得了進一步的肯定。從早期在廟會慶典上的露天演出，到近年進駐國家級藝術殿堂，客家戲正以精緻、專業的姿態呈現在觀眾面前。

榮獲第三十三屆傳藝金曲獎最佳演員獎，同時任教於臺灣戲曲學院客家戲學系的陳芝后，也特別受邀演出。堪稱當代客家戲劇承先啟後關鍵人物的她，其實從小學的是京劇，卻因為命運轉折，投入客家戲的演出及教育，轉眼超過二十年。

走進位於內湖的臺灣戲曲學院，陽光透過窗戶灑在排練教室的地板上，陳芝后全神貫注地指導兩位高二的學生排練客家戲《樊梨花征西》，不厭其煩地調整每個唱腔、身段，來回細膩修正，偶爾模擬鑼鈸聲，替學生拍打出節奏。

從客家戲找到人生方向

「對，眉頭鬆開、瞪眼，這時候就要有怒氣……」這是一場樊梨花擔任元帥，出兵蘆花河畔，斬違反軍紀的薛應龍之場景。陳芝后指導著學生用眼神演戲，並強調內在情緒的重要性。

這裡也是陳芝后學習成長的環境，她十歲時便進入了復興劇校學習京劇。當年選擇唸劇校的理由既簡單又單純：「我從小就愛表演，當年常跟著鄰居外省伯伯看《國劇大展》、《戲曲你

我他》這些節目，再加上媽媽有位朋友在這裡任教，就這麼決定了。」

曾是學校體操選手的陳芝后，最初學的是武旦，後來轉為花旦。國二時，她有機會隨團到北京、上海，甚至遠赴美國、德國交流演出。然而，到了高中階段，青春期的反叛心理使她不想被劇團束縛。於是，她選擇了另一條路，在高三時成為健身房的有氧教練，雖然繼續修完專科學業，但僅僅是為了拿到文憑。

命運的轉折出現在 2002 年，因為膝蓋受傷，無法再當有氧教練，讓她回到了戲劇圈。

當時陳芝后已在文化大學中國戲劇學系就讀，透過同學介紹，她進入了榮興客家採茶劇團，再度投入舞台。或許是天命使然，她笑說：「站上客家戲舞台，我竟找到了人生的方向感、存在的價值。」

然而，進入榮興劇團，對從小習京劇，不會說客家話的陳芝后來說，無疑是一場新的挑戰。京劇是很嚴謹的劇種，對角色和表演都有著嚴格規範，角色無法隨意轉換，換句話說，學了旦角就只能演旦角，跨行表演常被視為不夠純正，加上當時旦角名師都正值壯年，想要在舞台上脫穎而出並不容易。

相反的，客家戲卻有著另一片天地，不僅劇本靈活，角色跨度也極大，從純真少女到權威婆婆，都有機會一一詮釋，而且大多為活戲，這對於渴望更多舞台發揮的陳芝后來說，無疑是新的契機。

所謂活戲，是指沒有固定劇本和事先排練的表演形式，演

員只掌握角色的出場順序和每場戲的大致內容,整場演出全靠演出者與後台樂師的即興發揮,在遵循劇情發展的大框架下進行表演。陳芝后笑稱,這是比「Live Show 還要 Live Show」的戲曲表現,宛如日常對話般自然。

踏入客家戲的世界,挑戰遠不僅止於學會客語,這門戲曲藝術在唱腔和表演上,和京劇有著完全不同的要求。「京劇用小嗓,唱的是假音,客家戲用大嗓,唱的是本嗓。」因此她花了整整十年的時間,逐步適應、調整,才真正讓自己從內而外成為一位客家戲曲演員。陳芝后不僅改變了唱腔,更在這段轉型的過程中,深刻體會到客家戲曲在藝術層次的要求。

呼籲培育更多元人才

投入客家戲曲超過二十年的陳芝后,2014 年獲得臺北西區扶輪社的臺灣文化獎之後,開始收穫無數榮譽,包括入圍傳藝金曲獎最佳表演新秀獎、兩屆傳藝金曲獎最佳演員獎。但陳芝后卻說,直到 2018 年演出《駝背漢與花姑娘》時,才真正開始享受在舞台上唱戲的樂趣。

身材嬌小的陳芝后,站上舞台上卻氣場十足,做為一名追求完美的演員,她始終保持高度自我要求。「要全心投入角色,但也不能太過投入,因為還要考量舞台上的站位和整體演出。」這種平衡對她來說,從情緒掌控到呼吸節奏,乃至舞台行動的精確,都是不可少的演員素養。

即便身經百戰,每次上台前,緊張感依然如影隨形。然而,

從 2018 年起，陳芝后（左）領銜演出精緻客家大戲《駝背漢與花姑娘》，讓她開始享受在舞台上唱戲的樂趣。（圖片提供／榮興客家採茶劇團）

正是這份對自身表現的高標準，讓她從一位卓越的表演者，進一步轉型為優秀的教師。如今，她不僅是臺灣戲曲學院客家戲學系的教師，還身兼戲劇類客語薪傳師，致力於傳承這門藝術，將舞台經驗傳遞給下一代。

客家戲在臺灣發展已有一百多年，歷史可追溯至 1920 年代。它從三腳採茶戲的基礎發展而來，結合了客家山歌、棚頭戲等表演形式，逐漸形成了「九腔十八調」的獨特唱腔。這些元素讓客家戲成為臺灣本土劇種中，最具地域特色的表演形式之一。

進入 1980 年代，傳統戲曲在學術界與政府的推動下重新受到重視，2001 年臺灣戲曲學院第一任校長鄭榮興，更設立了專門的客家戲學系，讓此一文化得以在專業的教育環境中繼續傳承。

在傳統戲曲的人生舞台，陳芝后從京劇換角至客家戲，也從學生成了老師。看著孩子們在成長過程中找到自信，幫助他們度過難關，讓她覺得自己的人生又達到另一個里程碑。

陳芝后坦言，臺灣戲曲教育普遍面臨「不斷培訓、不斷流失的循環窘境」，她經常思考，自己還能為年輕世代做些什麼。於是，2023 年她帶著學生與榮興劇團進行產學合作，在國家戲劇院演出《喜脈風雲》，對學生而言，能站上這座神聖的舞台是既興奮，又有莫大的成就，甚至許多家長都是第一次走進國家戲劇院，欣賞子女的表演。

過去臺灣戲曲學院著重培養站上舞台的表演者，陳芝后認為，其實整個產業需要更多元的人才，尤其是編劇。她以 2024

年的客家大戲《大山客》為例，該劇以臺灣歷史為藍本，講述屬於自己的故事，展現了創作與文化傳承的力量。

然而，人才養成需要很長一段時間。雖然客委會在本世紀初成立後，客家文化的傳承漸受重視，但人才斷層的隱憂依然存在，當前客家戲曲最大的挑戰之一，正是編劇人才的短缺。

陳芝后認為：「劇本是一劇之本，不僅是演出的基礎，也是提升整體戲曲水準的關鍵。」然而，現今戲劇教育幾乎沒有專門針對劇本創作的課程，創作人才的斷層問題愈加嚴重。陳芝后

除了是臺灣戲曲學院客家戲學系的老師，
陳芝后（左）更身兼戲劇類客語薪傳師，致力傳承客家戲曲與舞台經驗給下一代。

指出，目前許多劇本仍依賴傳統的團體經驗傳承，這固然有其價值，但長遠來看，唯有培養本土客家戲編劇，才能讓客家戲更貼近臺灣人的生活經驗，激發觀眾共鳴，進而吸引更多人走進這片戲曲的天地。

全齡的推廣思維

二年多前成為新手媽媽後，陳芝后開始思索，如何將客家文化傳遞給下一代，於是萌生了在幼稚園推廣客語的想法，讓客家文化的根在學齡前就開始扎下，從兒童階段便成為生活的一部分，融入孩子們的語言與遊戲中。

然而，推廣客家戲曲的路不僅限於年幼的孩子。擁有體適能有氧教練資格的她，早已將戲曲融入不同年齡層的日常生活，推出一套專為銀髮族設計的「戲曲練功房樂齡課程」，融合了有氧運動與戲曲身段，希望透過運動與傳統戲曲的結合，讓長者們在健身強健體魄時，親近這門藝術，也能感受客家文化的趣味與活力。

對陳芝后來說，推廣客家戲曲的重點，不僅是讓戲曲延續，也是讓不同年齡層的人都能找到屬於自己的連結點，從幼兒園到樂齡族，戲曲成了連繫兩個生命階段的橋梁，而這條推廣之路，隨著她的堅持與創新，不斷向前延伸。

（文／黃怡蒨）

許家綺

以歌仔戲做外交的青年大使

無論台前幕後，
只願投入戲曲人生

2020
臺灣文化獎
歌仔戲武旦獎

「**身**為一個演員,如果在舞台上無法被安排到一個好的位置,甚至無法以演員的角色站上舞台,那我還能做什麼?」不是出身在傳統戲曲世家、沒有血脈相承的戲團依靠,這是在2020年以《花木蘭》一角拿下臺灣文化獎「歌仔戲武旦獎」的許家綺,當時對自己戲曲人生的大哉問。她想著,即使不能站上舞台,也要在戲曲產業裡立足。

那年,許家綺不過二十歲,與早已成名的戲曲新生代同場競技,她自知若是選擇小旦或小生等行當演出,硬碰硬,不見得拚搏得過。因此,轉而以她從小到大最擅長的《花木蘭》一角,從講究武功、身段訓練的武旦行來挑戰,出其不意的策略,讓她一舉拿下獎項。

當大家好奇地問她如何能脫穎而出,許家綺才說明:「我喜歡用不同的思考方式面對挑戰,即便做法可能有別於一般大眾,但我覺得,這就是一種選擇跟練習。」

平凡家庭中的好動小女孩

現在許家綺的名字在各個戲曲表演節目單上,不僅常見於演員之列,偶爾也名列於導演助理、舞台技術等幕後名單中。當演員時,她在台上吟唱著忠孝節義、長袖善舞;在台下時,她也能身處幕後,展現遊刃有餘的多元身段。

在同齡的年輕人仍無憂享樂時,許家綺為了喜愛的戲曲表演事業,不惜投注全副心力,甚至還得兼職以維繫自己的堅持。

從小，許家綺的個性就是活潑、好奇，不善讀書，所以父母讓她從幼稚園時期開始學習跳舞。國小四年級時，她順利考取舞蹈專班，為了配合父母接送時間，也參加課後的歌仔戲社團。那時，許家綺在舞蹈班的同儕間並不突出，但是長期在舞蹈班的薰陶下，她對音律的敏感度、肢體的表現力以及柔軟度，反而成了投入歌仔戲的優勢，讓她在社團中獲得更多的成就感。

但當時舞蹈班老師總期望她能專注在舞蹈專科上，不要因為歌仔戲而分心，尤其每當舞蹈班與歌仔戲社團在期末舉辦成果發表會時，老師間的角力較勁，總讓夾在中間的許家綺心生氣憤，「為什麼在學習的過程中，我要被限制」的想法，愈來愈

（左）許家綺從國中起，即參與校內金獎演出《花木蘭之探營》，飾演要角花木蘭。（圖片提供／許家綺）

（右）2019年許家綺參加外交部國際青年大使交流計畫，代表臺灣至泰國、印度等地，以歌仔戲宣揚臺灣傳統文化。（圖片提供／許家綺）

無法遏止。

因此，在得知升學管道中，還有專攻傳統戲曲的臺灣戲曲學院可以選擇時，她不顧父母反對堅決報考，最終如願以償。從國中開始正式投入歌仔戲坐科至今，每天早上，許家綺維持著在舞蹈班的習慣，梳起頭髮紮著包頭，總是提前坐在教室第一排等待上課。而當同班同學因為練功過於辛苦，打電話給家人嚷嚷著要回家的時候，她既堅定且清楚地知道：「這就是我想要的。」

國三那一年，臺灣戲曲學院與臺灣豫劇團合作傳統戲曲人才培育計畫，讓許家綺有機會參與臺灣豫劇團的大型演出，包含《杜蘭朵》、《天問》、《見城》等大型知名劇作，開啟了她人生的轉捩點。

臺灣豫劇團為了培育未來人才，從戲曲學院歌仔戲科的學生中，挑選歌仔戲人才送往豫劇的起源地——河南培訓，許家綺即是其中之一，當年主要學習的戲碼是最著名的豫劇經典作《花木蘭》。

雖然豫劇與歌仔戲為不同的劇種，卻同屬於傳統戲曲領域，因此，傳統戲曲所注重的唱、唸、做、打，以及基本功、把子功（把子意指耍刀、槍、劍、戟、棍等各種兵器）和毯子功等傳統戲曲演員必備的絕技，卻是相同的、可觸類旁通的。尤其，許家綺又更偏好武旦行當，與豫劇培訓經典作《花木蘭》不謀而合，因此結下了不解之緣，在人生幾個重要競賽中，均以「花木蘭」一角取得決勝點。

經過這一次的培訓，許家綺對於對岸戲曲相關人員的上進

心和衝勁印象深刻，尤其在教學上，先進們對後輩們的訓練是「打從骨子裡要你好的嚴厲」而深受衝擊。也因此，更激勵她看清自己的目標，唯有努力才能與對岸傳統戲曲人員並駕齊驅。

許家綺認為：「演員必須要靠經驗累積，但經驗的累積不僅僅是上台表演，同時也包含了舞台上發生的大小事，」她補充，例如技術、舞台、布景等，所以當她鑽研身為演員的四功五法、身段唱腔之餘，也嘗試投入劇場幕後工作，像是檢場、舞台技術等。

台前幕後拚勁十足地學習

隨著年歲漸長，許家綺比起一般同學更容易集中注意力的特質，讓老師能放心地交付她更重要的幕後工作，例如舞台監督、助理導演和舞蹈設計等，讓她的學習不再局限於表演，而能走向更寬廣的劇場管理領域。

2019 年是許家綺至為關鍵的一年，她善用擁有傳統文化技藝的優勢，再度以《花木蘭》一角爭取到外交部國際青年大使一職，代表臺灣至泰國、印度等地，以歌仔戲宣揚臺灣傳統文化，同時也開闊國際視野。

2020 年臺北西區扶輪社針對歌仔戲新秀進行徵選時，她再度以《花木蘭》武旦一角，獲得入圍。「花木蘭代父從軍，能在沙場征戰十餘年，她的性格絕對有一定的韌性和毅力，我也期望自己能像花木蘭那般堅毅果敢，爭取每一次演出的機會和可能。」在舞台上，許家綺扮演著花木蘭的忠孝節義，演著演著，

當演員時，許家綺在台上吟唱著忠孝節義，展現不凡英姿。
（圖片提供／許家綺）

漸漸地也演成了自己。

在獲得臺灣文化獎的那一刻，許家綺那一顆不專屬於任何一個劇團、沒有穩定舞台演出，進而也沒有穩定收入的惶惑不安之心，總算能處之泰然。而那對因為女兒忙於表演、清晨看不到她外出、等不到她歸家的父母，也總算吃下了定心丸，從原本的反對，轉而默默支持。

突破場域讓戲曲生活化

許家綺出生的世代，傳統戲曲已然迎向新編劇的浪潮，在保留傳統戲曲的忠孝節義之外，劇本融合東西元素並結合社會

許家綺（中）除了表演，也擔任重要幕後工作，
例如舞台監督、助理導演和舞蹈設計等，多元學習管理領域。

脈動，已是常態；運用科技，將傳統的布景改以燈光投影，甚至引入擴增實境（AR）等技術讓傳統戲曲更引人入勝，也已經不算稀奇。

就像《花木蘭》一劇，在臺南人劇團中翩然轉身為音樂劇《木蘭少女》、在朱宗慶打擊樂團中幻化成名為《木蘭》的音符，尤其在全球影視集團以動漫、真人演示的諸多版本中，花木蘭的「安能辨我是雄雌」已經是傳統戲曲中最被廣泛演繹的劇本之一。

當創新已然是常態，還能如何再創新？

「突破場域才能讓傳統戲曲成為生活日常，」許家綺以自己 2022 年在新北投車站演出的《金花囍事》為例，認為歌仔戲不一定要發生在劇場、戲台上，而是可以在任何藝文展覽場域，或日常生活的場景中出現，讓歌仔戲也像是流行歌一般輕鬆地演繹；或者更簡單地在臺灣各個古色古香的城區中，體驗歌仔戲的扮相也很對味。甚至即便不扮演戲碼，而是透過影像、科技再二創，發生在生活周遭的藝文空間中，「讓傳統戲曲貼近日常生活，傳統戲曲才能發揮更大影響力。」

「我身為一個演員，如果在舞台上無法被安排到一個好的位置……」的大哉問，在許家綺年少時看似是無法安身立命的膠著，但隨著心智成熟，這個膠著反而引領她時時歸零，不論被安放在任何位置，只要是她喜歡，都是好位置。

（文／黃翎翔）

羅 斌

荷籍偶戲研究及推廣學者

旅臺逾三十年，
推廣布袋戲熱情不減

2001 臺灣文化獎
布袋戲類

1970 年代，布袋戲曾掀起一股全民熱潮，每天中午，電視螢幕上的《雲州大儒俠》引發了無數觀眾的共鳴。然而，這段時期只是布袋戲發展歷程中的一部分。從內台戲、野台戲，到電視布袋戲，臺灣布袋戲一路走來，經歷了許多重要的變革，成為臺灣文化的象徵。

布袋戲的發展，最具代表性的變革之一，便是金光戲的興起。這一階段自 1940 年代開始，由黃海岱開創，透過神仙魔道大戰、玄幻劇情等內容，讓觀眾耳目一新。金光戲不僅劇情光怪陸離，更透過燈光效果、西樂配音與獨特的戲偶造型，打破傳統布袋戲的框架。黃俊雄等人將這一風格發揚光大，布袋戲逐漸從廟會舞台開啟至更廣闊的表演空間。

隨後的電視布袋戲階段，從 1970 年代黃俊雄的《雲州大儒俠》再度將布袋戲推向新的巔峰。這部長達五百八十三集的連續劇，掀起全臺收視熱潮，布袋戲彷彿成為票房保證，三大電視台爭相播出，為布袋戲帶來前所未有的榮景。

1980 年代，《文化資產保存法》的頒布與文化建設委員會的成立，促使官方與學術界開始正視這門傳統藝術。學者們開始深入研究、記錄經典劇目，整理傳統藝師的生命史，為布袋戲的保存與傳承奠定基礎。同時，布袋戲也被安排進入學院與劇場，並參與國際文化交流，賦予這門古老藝術新的生命力。

偶戲博物館的成立

值此榮景之下，偶戲研究學者羅斌於 1990 年代，遠從荷蘭來到臺灣這片文化沃土，對這位異鄉人而言，偶戲不僅僅是興

趣，更是一生的愛好，而臺灣最終成為他展現這份熱情的舞台。

羅斌曾在荷蘭萊登大學主修中國古典文學，1986年赴中國，在廈門大學攻讀中文研究所時選擇以「泉州傀儡戲研究」做為碩士論文題目。1991年，他獲得荷蘭皇家科學院博士研究獎學金，並在指導教授的建議下，第一次來到臺灣，於高雄、臺南等地進行為期三個月的傀儡戲研究。1993年，他再度來臺，並在樹火紀念紙博物館擔任策展人，與臺灣文化的連結愈加深厚。

當時，臺原藝術文化基金會董事長，也是臺北西區扶輪社資深社友的林經甫，懷抱著一個宏大的願景，期望將臺灣偶戲推向國際舞台，於是找到學有專精的羅斌合作。同時，林經甫

偶戲研究學者羅斌於1990年代，遠從荷蘭來到台灣，參與籌建偶戲博物館。

希望將他收藏的五千餘件珍貴偶戲文物捐贈給臺北市政府，籌建一座專業的偶戲博物館。然而，計畫卻因體制的掣肘與法源的不足，陷入僵局。

面對重重阻礙，林經甫與羅斌並未輕言放棄，他們決定不再倚靠體制，而是號召一群志同道合的朋友，以民間力量，共同推動這個夢想。歷經三年努力，最終坐落大稻埕的「臺原大稻埕偶戲館」（後改為台原亞洲偶戲博物館）於 2000 年開幕。

這座偶戲館的誕生，不僅象徵著偶戲文化的重要轉捩點，更是臺灣偶戲走向世界的一大步。羅斌帶領團隊遠赴歐洲、中美洲、港澳等地，走訪五十多個國家，透過他所編導的劇目，將臺灣偶戲的獨特魅力展現在國際舞台上。

承載文化的百科全書

2001 年羅斌推出的第一齣創作戲碼《馬克・波羅》，便是東西方文化融合的最佳範例。這部戲不僅巧妙地將臺語和義大利語的對白交錯運用，後場音樂更是將南管、北管與義大利歌劇融合，展現了多元文化的深度對話，無論是戲偶造型，還是劇情設計，都彰顯了傳統與現代的交織成果。這位來自異鄉的文化使者，將臺灣偶戲的靈魂一點一滴融入了全球文化的脈絡之中。

羅斌從研究生時期開始接觸偶戲，沉浸其間已四十年，到底它的魅力何在？他解釋，布袋戲不僅是傳統藝術的展現，更是一座文化的百科全書，承載著語言、文學、音樂、雕刻與宗

教等多重面向。

「中國新文化運動的領袖陳獨秀說過,戲曲是人民的教師,」羅斌認為,布袋戲的角色讓觀眾能夠跨越時空界限,接觸到一個個鮮活的故事,來自各行各業的庶民百姓,都能在這份藝術中找到共鳴。每當觀眾坐在劇場中,欣賞台上的表演時,他們實際上是在與過去進行一場跨越時空的對話,重溫那些被歷史刻印的故事。

金光戲的發展開創新局

隨著時間流轉,羅斌在臺灣一待便是三十多年,從當初年輕的偶戲研究學者,到如今年過耳順的中年大叔,他早已完全融入臺灣生活,十多年前,更被授予臺北市榮譽市民頭銜。

(左) 巧妙將東西方文化融合,是羅斌的創作特色。
(右) 羅斌(右)從研究生時期開始接觸偶戲,並成為一生愛好,沉浸其間已四十年。(圖片提供/羅斌)

他對臺灣布袋戲懷抱的熱愛，陸續獲得臺北西區扶輪社臺灣文化獎的臺灣布袋戲獎、臺法文化獎，2024年還榮獲第二十八屆臺北文化獎，遴選委員會評價他「比臺灣人更像臺灣人」，在學術、藝術創作、教育及推廣各個層面皆有不凡貢獻。

這些榮譽背後，是他多年來對臺灣布袋戲的深入探索與創新付出的心血，他將東方偶戲與西方歌劇的美學巧妙融合，透過策展、講學、著書等多種方式，將臺灣布袋戲推向國際舞台。以臺南建城四百年城市展活動為例，臺南市政府與荷蘭在臺辦事處攜手推出由羅斌編導的《臺灣追鄉曲》，正是延續跨文化對話的成果。這齣融合聲樂、弦樂及偶戲的音樂劇，於赤崁樓前上演，講述十七世紀多族群在臺南的歷史交會，臺灣與荷蘭的文化碰撞。

對羅斌而言，獲得這些獎項更深化他對臺灣布袋戲現狀的反思。「布袋戲的傳統觀眾已經流失得相當嚴重，」他坦言：「要挽回這些觀眾，我們需要改變。」在他的構想中，縮短演出時間、加快故事節奏，並結合臺語與西洋樂曲，是布袋戲未來的可能出路。然而，他也指出：「臺灣年輕一代連臺語都講不好，文言臺語更是難以理解，這也讓傳統布袋戲的魅力逐漸失傳。」

儘管羅斌本身非常喜愛傳統布袋戲，但他也認同金光戲的發展，可以為布袋戲開創新局，因為金光戲打破了傳統戲曲中的生、旦、淨、末、丑等角色類型的展現，是一場「創意的爆發」，也是臺灣特有的藝術形式。這樣的藝術創新應該被賦予更高的文化價值，但遺憾的是，在許多文化單位眼中，金光戲只被當做地方戲，未能獲得應有的重視與推廣。

羅斌無論畫作或偶戲皆將東、西方文化巧妙融合，
透過策展、講學、著書等方式，持續將臺灣偶戲推向國際舞台。

荷籍偶戲研究及推廣學者────羅斌

2020 年台原亞洲偶戲博物館創辦人林經甫，因隨著年齡增長而有所體悟，決定執行斷捨離，毅然將數十年來收藏的上萬件偶戲文物全數捐給文化部。

流動的藝術生命力士

然而，羅斌對偶戲的熱情並不因空間的消失而減少。他花了三年多的時間，悉心的將上萬件臺灣早期布袋戲的戲偶、彩樓、戲服，以及亞洲各國戲偶、劇本、戲台等相關物件，逐一轉移到臺灣博物館，並為後來展出的「亞洲偶戲蒐奇櫃」撰文介紹。

在博物館典藏、展覽的工作暫告一段落之後，羅斌仍積極投入研究和教育工作，每週往返臺北和花蓮東華大學授課。「偶戲是一種流動的藝術，沒有空間，它還是會存在於人們心中。」這是他對未來的期許，也是一直以來的信念。

他深信，臺灣偶戲的精神並不會隨著博物館的結束而沉寂，而是在不同的形式中，繼續延續。

（文／黃怡蒨）

第三部

影像

無論是官方視角或民間攝影產業的成形，

最重要的意義就在於，

為歷史、文化、經濟與社會發展留下珍貴的影像檔案，

記錄時代、見證臺灣。

時代動盪下
最有渲染力的發聲

從每個創作者背後，
可以去發現他的生命觀、人生觀，其實有很多連結的地方。

—— 黃明川　嘉義國際藝術紀錄影展藝術總監

　　都說「百聞不如一見」，珍貴的畫面影像，成為了記錄時代樣貌的重要依據，透過影像符號所呈現的氛圍與角度，則是藝術家對一個時代的凝望。

　　臺灣影像藝術的發展，呈現出多元面貌與深刻的文化內涵。自日治時代最初的紀錄片與傳統影像表現形式，到解嚴後繁花盛開的媒體創作，再到數位時代影像與科技的結合，這段歷程映照了臺灣社會的政治轉型、文化融合與科技進步，讓影像藝術的形式不斷創新與進化。

　　現任嘉義國際藝術紀錄影展藝術總監的導演黃明川，長期投入藝術紀錄片的實踐，被公認為臺灣獨立製片的先驅，逾半世紀的藝術創作之路，深刻感受到影像藝術做為時代的明鏡，如何記錄現實與反映社會變遷。

　　近代攝影技術是在十九世紀中葉誕生，而綜觀攝影在臺灣的出現，除了早期伴隨著西方探險家約翰‧湯姆生（John Thomson）、傳教士馬偕而來的影響之外，臺灣的攝影真正大量進展至百花齊放的時刻，要從政權交迭的日治時期開始。

日軍侵臺時，有隨軍攝影師同行，以戰地攝影記錄當時情境；再者，日本人類學家帶著照相器材深入臺灣高山，以照片留下對原住民族群的測量與記錄，描繪當代族群形象，還有殖民時期的各式地理調查，用影像定義臺灣風景。

日治時期形塑臺灣的工具

當時的攝影做為帝國軍事行動的視覺見證工具，倚著殖民者的姿態，透過各種方式記載臺灣在地人文事務，拍攝照片的目的，出於記錄與研究臺灣風土民情。影像背後，無可避免地反映出統治者的殖民論述與展示意圖，以「挑選」過的官方視角，展現日本統治的成效和臺灣的異國情調，彰顯總督府的豐功偉業，是殖民者眼中的「看見臺灣」。

但因日本統治臺灣的五十年間，貿易逐漸頻繁，開啟民風，帶進了攝影這門新技術，攝影器材和資訊開始在臺灣流通、擴散，甚至開始認知到攝影專業，在本地青年間掀起一股遠渡重洋赴日留學的風潮，吸收了有關攝影和藝術的豐富知識、技術和觀念。這群帶著新思維的攝影家學成歸國後，展開了為臺灣攝影環境而努力的各種推廣與實踐，包括翻譯外文攝影書籍、組織同好會、創辦攝影雜誌等。隨著攝影在臺灣蔚為風潮，寫真館（照相館）如雨後春筍般大量湧現，主要提供人像攝影服務。當時的攝影被視為一種時尚與身分的象徵，在城市的上層階級蔚為風潮。

無論是官方視角或民間攝影產業的成形，其意義在於為臺灣

的歷史、文化、經濟與社會發展，留下珍貴的影像檔案，讓這段時期有了為數龐大的攝影史料得以流傳，做為協助辨識日治時期臺灣歷史樣貌，成為時代裡極其珍貴的吉光片羽，見證了臺灣曾經走過的歲月歷程。

戒嚴時期叛逆思潮風起雲湧

光復初期的1950年代到1960年代中葉，出現了正值青壯期的郎靜山、張才、鄧南光、李鳴鵰、黃則修這些臺灣攝影史上的優秀領導與組織人材，攝影比賽、展覽、演講、影展等活動蓬勃發展，是臺灣攝影文化史的第一個開花期。

然而好景不常，1947年二二八事件後，國民政府隨即實施戒嚴管制，在政府嚴密控制大眾傳播媒體的前提下，兼具寫實、記錄與證明事實功能的攝影，自然也在嚴格監視管制之內，「被允許」表現的題材受限，只以良辰美景為主題、影像內容無關社會現實，被稱之為「不食人間煙火」的「沙龍攝影」，成了這段時期臺灣攝影環境的唯一顯學。

直到1960年代起，反戰、嬉皮等反抗傳統思想迅速蔓延在國際間，也影響了不能苟同沙龍攝影的青年們對攝影藝術價值的認知，「反沙龍傳統」成為1970年代中期的攝影趨勢。

另一方面，戰後的電影創作，才正要從脫離日本殖民統治的狀態中起步。初期大多是公營片廠所投入的國語片製作，當時國民政府推動電影做為國族建構和政治宣傳的工具，透過電影宣揚愛國主義和民族團結，也導致這一時期的電影創作內容

單調。直至民間發動一股反撲的力量，引起本土共鳴的臺語電影開始風生水起，在 1950、1960 年代，每年平均有上百部臺語電影上映。

可惜的是，臺語片在隨後的 1970 年代遭遇「國語政策」和「底片進口限制」，產量雪崩式下滑。與之相比的是蒸蒸日上的國語片產能，最膾炙人口的瓊瑤「客廳、飯廳、咖啡廳」三廳式愛情電影，便是這個時期的產物，標誌著國語文藝片時代的來臨，愛情、家庭、倫理等題材成為主流。

紀實、藝術化時代來臨

1980 年代初期，影像主流不約而同將鏡頭對準臺灣社會的現實問題。黃明川提到，由作家陳映真創辦於 1985 年的《人間》雜誌聚焦社會議題，「反抗過度的資本主義」，多採用黑白攝影，風格強烈且帶有批判態度。另外，深耕紀實攝影的攝影家潘小俠，也是自 1980 年開始拍攝《蘭嶼記事》，傾注畢生關懷。

此時，也迎來了「新電影」風潮，揮別愛國政宣片、煽情犯罪片和浪漫三廳電影，將鏡頭對準臺灣社會的現實問題，關注歷史、家庭、個人與社會的關係。在取材上，大多誠摯再現本土社會環境，例如《光陰的故事》、《小畢的故事》、《看海的日子》、《戀戀風塵》等，都是此時期的代表作。陳坤厚、侯孝賢、楊德昌、王童、柯一正等臺灣新生代電影導演，陸續製作寫實作品，各自展現自己的個人風格美學，在影片留下一些可供辨識的標誌。

更重要的意義是，這些影片強調敘事的深度和文化的反思，將臺灣電影文化提升到藝術地位，獲得國際影壇的高度關注，侯孝賢的《悲情城市》一舉拿下威尼斯影展金獅獎可茲證明。

1987年臺灣解嚴，隨之而來的社會開放，人民開始真正得到思想、言論、結社的自由，為影像藝術的發展帶來了全新的可能性。在自由氛圍中，臺灣影像藝術家們將攝影、錄像與裝置藝術結合，創造出更加多元、深刻的視覺表達。像是黃明川在1989年完成首部劇情片《西部來的人》，同時以此發表「獨立製片宣言」，成為獨立製片先行者。他所形塑出全新的影像質地、敘事與話語聲音，開啟了對「另一種電影」的想像。

這時期的影像藝術融合了攝影、電影與裝置藝術，逐漸擴大影像藝術的表現範疇，讓影像不再局限於單純的記錄或敘事工具，而成為一種探索社會與個人內心世界的媒介。

例如2001年獲頒臺北西區扶輪社第四十六屆臺灣文化獎「鄉土文化攝影獎」的黃伯驥，平時是和藹親切的小兒科醫師，業餘時間則變身為狂熱攝影師，靠自己的雙腳行遍各地，四處獵影，尤其擅長捕捉庶民生活。還有2008年拿到「影音紀錄獎」的郭亮吟，她在2006年完成的《綠的海平線》，記錄臺灣少年於二次世界大戰期間，被送往日本海軍工廠訓練製作軍用飛機的故事，獲獎連連，深獲文史學界肯定。

進入二十一世紀後，數位技術的發展徹底改變了臺灣電影和動態影像的創作模式。數位攝影技術的普及，使得製作成本和創作門檻大幅降低，帶來不同於以往的影像風格和敘事手法。

臺北西區扶輪社臺灣文化獎委員會第六十七屆主委蔡照檳

提到,設立這個獎項不僅僅在於守護傳統,更帶有前瞻與創新,所以在主題上也關注一些比較具有現代性的文化面向,這也是他們在 2022 年選擇以「獎勵臺灣風土人文相關的影像紀錄創作工作者」給獎的主要考量。

那年的獲獎者,包含籌備「嘉義影像 10 年計畫」、為嘉義農田影像留下完整紀錄的攝影師魏三峰;行腳臺灣西部海岸,踏查地層下陷、海岸侵蝕等景象的攝影師楊順發;因為愛鳥而開始從事生態記錄的導演梁皆得;作品常圍繞著深切的人生課題、對人物描繪極為細膩的導演許慧如。黃明川說:「從每個創作者背後,可以去發現他的生命觀、人生觀,其實有很多連結的地方。」

數位技術帶來衝擊挑戰

如今,隨著數位科技的迅速發展,臺灣的影像藝術進入了一個全新時代。黃明川認為,數位攝影技術、電腦圖像處理與虛擬實境(VR)、人工智慧等技術的普及,讓影像藝術的表現形式,變得更加多樣且有無限可能。

數位技術不僅改變了影像的製作過程,也讓藝術家能夠靈活地將影像與其他藝術形式進行融合,在全球化與數位化的時代背景下,帶來更多視覺與感官上的新體驗。

(文/張雅琳)

黃伯驥

小兒科醫生斜槓攝影師

決定性瞬間
留下珍貴時代故事

2001
臺灣文化獎
臺灣鄉土文化攝影

1950 年代末期的臺灣，正處於威權統治時期，攝影多被用來展示官方認可的歷史紀錄與國家敘事。隨著 1960 至 1970 年代臺灣鄉土文化運動的興起，攝影才逐漸從這種刻板框架中解放出來，走向了對土地與生活的關懷。這場運動旨在重新尋回被遺忘或壓抑的文化記憶，反映出臺灣社會對身分認同的焦慮與渴望。

在這一過程中，攝影逐漸承擔起批判與探索的雙重角色，攝影師們不再滿足於唯美的沙龍或畫意風格，而是將鏡頭轉向農村與鄉鎮，記錄臺灣各地的庶民生活、勞動場景及傳統節慶。這時期的作品不僅是對眼前風景的簡單呈現，更是一種對複雜社會與歷史脈絡的深層反思。

捕捉社會底層動人故事

在臺灣本土意識抬頭的攝影浪潮中，黃伯驥的存在格外獨特。他原是小兒科醫生，出生於屏東東港的望族之家，父親曾赴日留學、在中國經商，祖父則擔任過地方區長。在這樣的環境下，黃伯驥自幼便接受了多元文化的洗禮：在家中講臺語，在學校用日語，在中國說普通話。他的語言天賦與深厚的漢學底蘊，讓他擁有豐富的文化視角。

中學時期的黃伯驥，便展現了藝術天分，在高雄中學的一堂美術課上，他的水彩畫作品受到校長賞識，掛在校長室中。

即便後來考上了臺大醫學系，他依然懷念那段文藝夢，坦言若非成為醫生，他可能早已走上藝術道路。

黃伯驥的攝影之旅，始於一個意外。1963年，他委託友人從日本帶回一台專業相機，原本只是想用來記錄家庭生活，但在朋友的邀請下，他進入了臺灣攝影學會，結果以新手之姿獲得學會舉辦的攝影獎項，從此打開了通往攝影世界的大門。

醫學系的七年養成，黃伯驥選擇了小兒科，他說，因為經常需要彎腰替病人看診的姿態，延伸到他的攝影風格，他的鏡頭總是貼近地面，捕捉社會底層的真實故事。行醫期間，黃伯驥是位深受病人信賴的小兒科醫師，但脫下白袍，他搖身一變成了攝影師，醫生斜槓攝影師，形成了一種奇特的平衡。他經

《LIFE》、《The Family of Man》、《日本カメラ》等外國雜誌，是黃伯驥的攝影啟蒙教材，經典作品讓他看見更寬廣的視覺世界。
（圖片提供／黃伯驥）

常在深夜兩、三點仍然在浴室沖洗照片，卻從未感到疲累。

1960 年代是紀實攝影蓬勃發展的時代，國外的雜誌如《LIFE》、《The Family of Man》及《日本カメラ》成為黃伯驥的啟蒙教材。這些視覺經典作品讓他看見更寬廣的世界，也點燃了他內心對於捕捉人文瞬間的渴望。

決定性瞬間的畫面張力

受攝影學會的啟發，黃伯驥的視野逐漸拓展。尤其布列松（Henri Cartier-Bresson）的「決定性瞬間」理論，深刻影響了他的攝影風格。然而，黃伯驥並不滿足於純粹的瞬間記錄，他將這瞬間與臺灣社會的人文情懷結合，讓作品充滿故事性與情感共鳴。每一個場景，都像是一幅動人的故事，讓觀者得以沉浸其中，感受當時的氛圍與背景。

隨著技術與教材的掌握，黃伯驥的創作逐漸成熟。清晨以及中午的短暫休息時刻，都是他拿起相機穿梭在臺北街頭的最佳時機。假日，他則是騎著腳踏車或搭火車去更遠的地方取景。對於黃伯驥而言，獨自外拍不僅是捕捉影像的過程，更是一種精神的沉澱，他認為，只有獨處時，才得以完全沉浸在攝影的專注中。

1965 年開始，黃伯驥的個人攝影創作逐漸走向高峰，國內外攝影比賽接連得獎，讓他更有信心與動力繼續創作。1968 年至 1969 年期間，他投稿至《日本カメラ》有八次入選。其中，「天上人間」是經典的代表作之一，那是在西門町一棟待改建

的百貨大樓頂樓，一對情侶在無人的天台上談情說愛。黃伯驥的快門悄然按下，情侶渾然不知，這私密的瞬間彷彿被凝結在臺北喧囂之外，形成了疏離而永恆的對比。

另一幅極具故事性的作品「上妝」，捕捉了旦角整理妝容的瞬間。當時，黃伯驥單純是被歌仔戲後台的情境吸引，旦角手持一面鏡子，鏡背上印有影星樂蒂的照片，而她眼前還有一名自顧自玩耍的幼童。這看似平凡的場景卻因兩位「女主角」的同框形成有趣的對照，一位是戲台上的旦角，另一位則是鏡中的銀幕明星。

不僅如此，黃伯驥的鏡頭也延伸到了城市的邊緣地帶，拍攝臺北郊區的回收廠、橋下的說書人，甚至臺灣大學旁育幼院中的孤兒與小兒麻痺患兒。在那些天真與迷惘的孩童面孔下，隱藏著臺北繁華背後的另一面。

黃伯驥用細膩的鏡頭語言，描繪著臺灣社會的多元面貌，以無聲的影像，訴說著動人的故事，也反映出臺灣社會半個世紀的複雜與多樣。

記錄下來就可能不平凡

黃伯驥的攝影作品以「人」為核心，他說：「人像最易入門，卻最不容易表現。成功的人像不能單照人之『形』，必須把模特兒的性格或感情照出來，不然就把作者的性格或情感影射在模特兒身上表現出來。」這樣的攝影哲學貫穿了他所有的創作。

1931年出生的黃伯驥，一直到高齡92歲仍未放下相機，

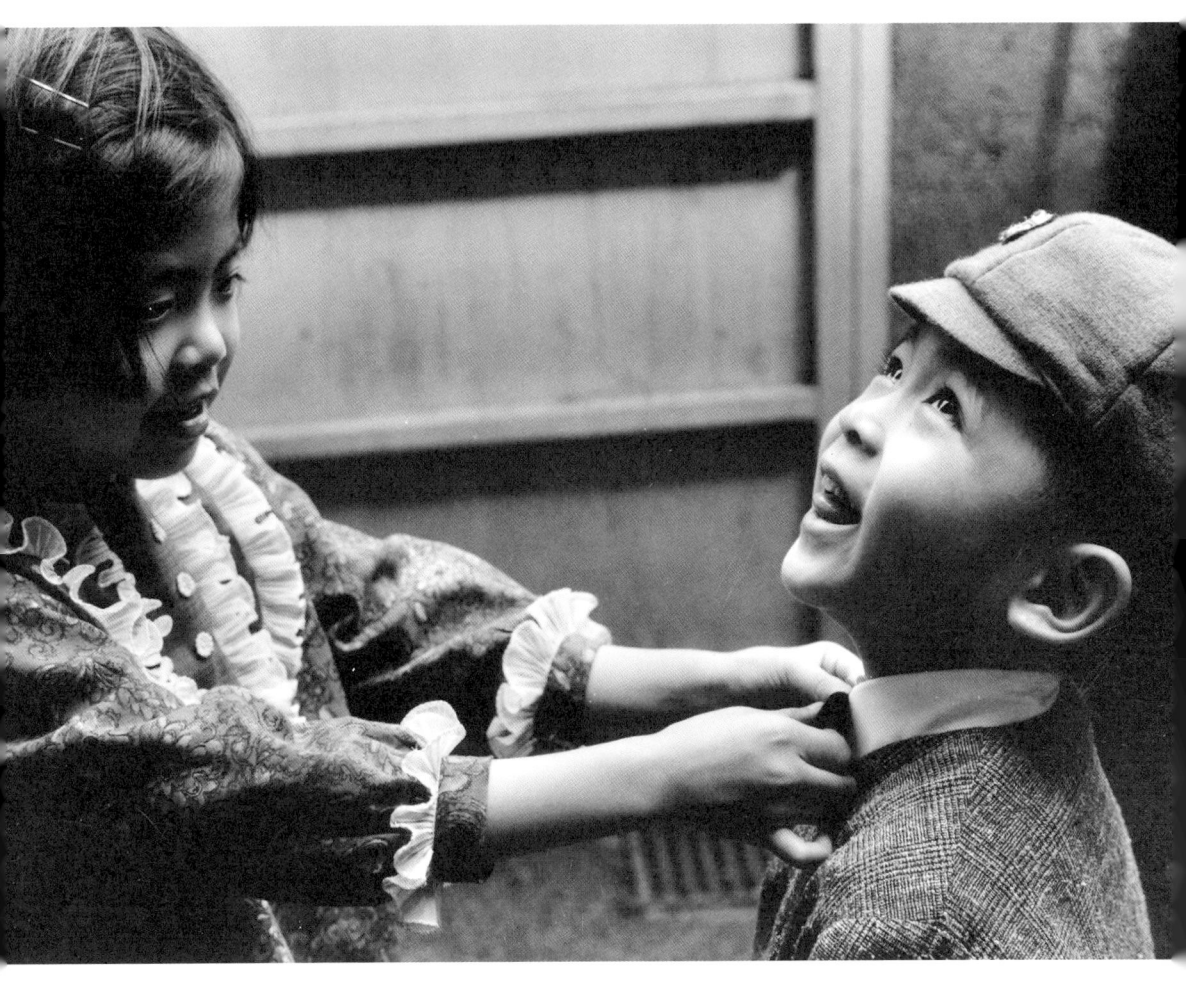

黃伯驥的攝影作品擅長以「人」為核心,透過無聲影像訴說故事。
(圖片提供／黃伯驥)

黃伯驥捕捉到歌仔戲後台旦角整理妝容時的瞬間，
讓兩位女主角同框的照片形成有趣對照。（圖片提供／黃伯驥）

攝影生涯近六十年。在他的鏡頭下，人與景、瞬間與永恆交織成一幅幅無聲的詩篇。他的作品散發出高度的美學價值與深刻的人文情懷，直視臺灣的日常生活，記錄那些極其平凡的場景。正是這些平凡，經過時間的洗禮，變得不再平凡，而是帶有一種真誠的直率，不造作、不修飾，卻處處透著時代的痕跡。如同臺灣重要的攝影家張照堂所說：「平凡被記錄下來，當事過境遷後，它也可能不平凡了。」這些看似不經意的影像，在時光流轉中，逐漸展現出它們獨特的文化與歷史價值。

這種價值在 2000 年國立歷史博物館舉辦的「光陰的故事：黃伯驥七十攝影展」中得到充分體現，展示了他如何以敏銳的視角見證時代的變遷。2022 年，清華大學再次以「不只是醫師、不只是攝影師 —— 黃伯驥醫師攝影展」的形式，呈現他在醫療之外的另一種社會關懷。這些展覽不僅肯定了他在藝術與文化領域的貢獻，也提醒社會大眾，那些曾經的平凡，經由他的鏡頭，已成為時代的象徵與集體記憶。

臺灣攝影經歷了從紀實到反思的轉變，見證了社會的劇烈變遷與文化身分的探索。黃伯驥的鏡頭更為文化傳承提供了寶貴的視覺資源，在光與影的交錯中，傳遞臺灣獨特的故事。

（文／黃怡蒨）

梁皆得

鳥類生態紀錄片先鋒導演

一輩子拍鳥，
肩負生態保育使命

2022
臺灣文化獎
臺灣風土人文獎

2000年，消失了一甲子之久，被認為已經滅絕的黑嘴端鳳頭燕鷗再度現踪，轟動全球生態界，連BBC電視台都做了專題向世界宣布這個重磅消息。捕捉到燕鷗身影的，正是生態紀錄片導演梁皆得。

身形不高，結實壯碩，散發穩重與堅韌的氣息，外貌讓人不由得聯想到俠義故事中的虬髯客的梁皆得，一開口，卻是語氣溫和，帶著特有的謙恭和禮貌。外剛內柔的強烈反差，使人不禁對他產生好奇與敬意。

投入野鳥拍攝四十年的梁皆得，一生也確實充滿傳奇。

發現黑嘴端鳳頭燕鷗時，梁皆得的女兒才剛出生不久，他謙稱是家中有新生兒帶來的好運。但一切似乎是一種注定的神祕緣分，要不是那卷 16 釐米底片出了問題，出現左半邊較白、右半邊正常的奇異畫面，梁皆得差一點就和黑嘴端鳳頭燕鷗失之交臂。

用影像喚醒保育意識

原來，受委託到馬祖拍攝鳳頭燕鷗的梁皆得，返臺剪片時發現有幾段莫名其妙的畫面，「我反覆不斷研究片子到底是哪一個環節出問題，最後發現到畫面異常的那幾段片子裡，竟有一隻長得不太一樣，背部是白色的小鳥，和鳳頭燕鷗的深灰不一樣。」對鳥類敏感的梁皆得立刻翻遍臺灣、華南、日本地區的鳥類圖鑑，卻始終沒有發現吻合的圖像，「最後是在《世界鳥類手冊》第三冊中找到了答案，才證實了這些鳥兒的身分。」

在臺灣的生態保育運動中，黑嘴端鳳頭燕鷗的重現，不僅象徵著一個消失物種的回歸，也引發全球對生態保護的高度關注。

事實上，從早年的《菱池倩影》到近年的《守護黑面琵鷺》紀錄片，梁皆得花了三十年的歲月，用影像記錄臺灣環境保育的成長與改變。隨著社會發展、環境變遷，許多鳥類的棲地遭到破壞，因為梁皆得的忠實紀錄，逐漸喚醒了臺灣社會對保育議題的重視。

1990年代，水雉因棲息地的改變逐漸減少，成為族群瀕危的鳥種，全臺數量不到五十隻。梁皆得拍攝的《菱池倩影》記錄了水雉生態，透過鏡頭讓人類更了解水雉面臨的生存困境，進而促使有心人士展開復育行動，如今全臺灣已有超過三千隻水雉。

梁皆得用影像，記錄臺灣環境保育的成長與改變。

繼 2015 年梁皆得執導的《老鷹想飛》紀錄片，揭露臺灣黑鳶因農藥中毒死亡的問題，引發社會對過度使用農藥的深刻反思後，他繼續規劃「跨越海洋的飛翔」四部曲，以四部影片記錄四種具有代表性的明星鳥類。2021 年《尋找神話之鳥》做為首部曲，隨後在 2023 年推出的《守護黑面琵鷺》為第二部，目前進行中的第三部是記錄八色鳥，而第四部則聚焦在灰面鵟。

這一系列作品的核心都指向一個迫切的現實：棲地遭受破壞，鳥類的生存岌岌可危。而且，無論是水雉復育或是黑面琵鷺的保護，梁皆得用影像讓這些故事超越了鳥類本身，成為關乎全人類生存的議題。

遇上生命中三位貴人

梁皆得會走上拍攝鳥類生態之途，彷彿是天注定。因為從小喜歡親近鳥、觀察鳥，唸小學時梁皆得就努力存錢，攢了一百多塊錢後，買下了人生第一本鳥類圖鑑《大自然的精靈》。

唸國中後，有天他帶著這本書到學校，引起同學們好奇圍觀，後來他和另兩名對鳥類也很有興趣的同學便一起加入了臺中鳥會，梁皆得因此遇見了人生的第一位貴人吳森雄會長，教導他如何觀察鳥類的生活型態及行為。自此，他正式跨入豐富絢麗的鳥類世界，進而萌生了拍攝鳥的念頭，決心用鏡頭捕捉牠們最真實的瞬間。

家境貧困的梁皆得，國中畢業後沒有繼續升學，在鹿港學做八仙桌，當了幾年木工師傅，期間開始存錢買單眼相機，雖

然還是買不起昂貴的長鏡頭、望遠鏡，但幸好有吳森雄出借器材，滿足他拍攝欲望。

入伍當了兩年陸軍傘兵，即將退伍之際，吳森雄派人捎來消息，任職於中央研究院動物研究所的鳥類生態博士劉小如在找助理，詢問梁皆得的意願。「能夠整天跟鳥為伍，答案當然是好啊，」多年後提及此事，梁皆得興奮之情仍溢於言表。

無巧不成書，劉小如帶著梁皆得做的第一個鳥類研究「粉紅鸚嘴」，就是他從小看到大的鳥。「粉紅鸚嘴喜愛在淺山灌木林鑽來鑽去，小時候上、下學途中都可以看到牠們。在鹿港當木工時，每年龍舟競賽勝地福鹿溪旁的防風林，樹上也有很多，」梁皆得回憶過往時提及，因為從小觀察鳥及其習性，知道在哪兒可以發現牠們的踪影，成為他擔任研究助理時的一大優勢。

（左）梁皆得做的第一個鳥類研究「粉紅鸚嘴」，是他從小看到大的鳥。（圖片提供／梁皆得）

（右）在野外拍攝鳥類的過程十分辛苦，不僅環境惡劣，還有未知的挑戰可能隨時降臨。（圖片提供／梁皆得）

之後，劉小如把研究重心轉移到蘭嶼角鴞，梁皆得也跟著。五年研究助理工作，為他扎下更深厚的知識和研究基礎，也對日後的生態攝影產生極大助益，劉小如可謂是他生命中的第二個貴人。

在蘭嶼拍攝角鴞時，梁皆得還遇見了生命中最重要的貴人——太太陳秀梅。

1992 年，梁皆得開始專職拍攝生態影片，生態攝影之路可以無後顧之憂，全是因為有陳秀梅的支持。不管是陪著縮衣節食，任由梁皆得將錢花在添購攝影器材上，或是在經費不充裕的情況下，陪著上山下海充當助手，陳秀梅都是全力相挺。

「有了女兒之後，太太必須在家照顧小孩，但孩子長大後，寒暑假就帶著一起上工。」後來女兒也受到梁皆得影響，對鳥類產生興趣，唸了臺灣大學人類學系，專研鳥類考古。

雖然辛苦，梁皆得很享受全家一起工作的感覺，只是如此美好光景，隨著他太太在 2023 年 9 月病逝，已難再現。

命懸一線的拍攝旅程

野外拍攝鳥類的過程中，環境的惡劣與未知的挑戰隨時可能降臨。陳秀梅正因為了解生態攝影的困難和危險，她曾對先生說：「如果遇到意外，放心的走，不要掛念。」只是沒想到先走的是她，臨終前仍鼓勵梁皆得：「繼續做，好好拍，做你想做的事。」

第一次與死神交手，是梁皆得剛擔任劉小如助理時，扛

梁皆得認為鳥類與人類的命運息息相關，因此用影片喚醒人類對自然環境的重視。

著至少三十公斤的器材上南湖大山拍攝，因為高山症引發的不適，情況迅速惡化，被同伴發現時已口吐白沫。隨即，他被直升機緊急送下山，才保住性命。

第二次險境發生在和另一名生態攝影師李偉傑導演，拍攝東方蜂鷹吃虎頭蜂蛹的影片時，被蜂螫了十一針，就醫時醫生聽聞是被虎頭蜂螫時，還不相信，認為：「應該是蜜蜂吧？」但仍將他留院觀察。第二天，新聞報導有一名女性被虎頭蜂螫了十三針，不幸去世。梁皆得對此險境只是輕描淡寫地說：「我還差兩針，沒死。」

還有一次，梁皆得為了拍攝東北角龍洞附近的猛禽──遊隼，再次與死神擦肩而過。拍攝前一晚他通宵未眠，凌晨三點出發，五點多架好攝影器材，拍攝了整整十二個小時。在四月天的海風中，他的身體逐漸感到不適，回家後頭痛愈發劇烈，第二天前往醫院檢查，最終被診斷為血壓飆升，且有輕微中風跡象。所幸，經過治療後，身體狀況逐漸恢復。

拍攝過程中，梁皆得多次與死神擦身而過，但他的毅力和對生態保育的堅持，讓他一次又一次地走過險境，並將這些極限經歷轉化為影像力量的一部分，推動臺灣的環境保育意識。

透過社會各界的捐助，梁皆得積極推動紀錄片進入院線上映，再次掀起社會對生態保育的討論，也讓他更加堅定肩負的使命。「今日鳥類，明日人類」，這句話承載著他一貫的信念，他深信鳥類與人類的命運息息相關，試圖喚醒人類對自然環境的覺察與尊重。

（文／黃怡蒨）

楊順發

心懷臺灣的藍領攝影師

唯美取代說教，
傳達深沉國土危機

2022
臺灣文化獎
臺灣風土人文獎

絕大多數以自然界浩劫為主題的影像，都給人怵目驚心的感覺，楊順發的「臺灣水沒」和「臺灣土狗 —— Taiwan To Go」系列卻如水墨畫般詩意唯美。他並非想粉飾太平，而是用「美麗」做為「環境浩劫」的糖衣。

「當觀者看著照片開始思考，房子為什麼蓋在水裡？碉堡怎麼躺在海平面下時？就掉入作品裡的『美麗陷阱』，正視並關心國土地層下陷的沉重議題，」楊順發解釋為何採取很不一樣的溝通方式。

踏入攝影界四十多年，楊順發為記錄臺灣海岸地層下陷，2014 年起背著相機、扛著腳架繞行臺灣海岸線，踏勘的過程每一百公尺就停車駐足觀看，找到好的角度，還要研究潮汐，想辦法克服拍攝距離，有時候靠筏子划行、有時候穿上救生衣，退潮時扛著器材跟跟蹌蹌地向前，好幾次照片拍好了卻差點回不了岸。

楊順發以十年的時間，一點一滴、亦步亦趨地用鏡頭記錄的臺灣地景，所展現的不僅是攝影藝術，更是創作者對臺灣這塊土地的關懷，作品在國內各地巡迴，更多次獲邀到法國等地展出，而這一切原先都不在他的計畫裡。

意外的攝影人生

二十一歲那年，高職畢業的楊順發考上中鋼，隻身從臺南到高雄工作，年紀輕輕一個人住在單身宿舍，日子過得無聊，於是報名參加「國際舞」和「攝影」兩門課。國際舞上了兩堂

就放棄，倒是攝影課開啟楊順發探索世界的另一扇門，從此楊順發上班之餘，就背著相機到處取景，一路走向「勞工藝術家」之途。

起初楊順發也和同好玩了兩年的沙龍攝影，拍模特兒、拍夕陽，拍著拍著卻漸感無趣，為了讓作品融入創作者的思想，於是租了一個紅毛港廢棄房子當工作室，玩起「編導式攝影」。三年時間，楊順發完成「再造王國」系列，作品結合警世寓意的民間故事，利用暗房的疊影與重曝技法創造奈何橋、閻王的生死簿等橋段，呈現詭譎、陰森的靈幻視覺。楊順發說：「這系列作品是用主觀攝影的直白表達方式，引發觀者內心對善惡有報的共鳴。」

「再造王國」系列作品後來通過北美館個展申請，楊順發至今仍是南部極少數獲選於該館開設個展的攝影家。在這個階段，楊順發已隱約察覺先進科技軟體對攝影創作的衝擊，著手實驗「科技無法取代的技術」，還到大學去旁聽，嘗試各種創作可能性，他笑著說：「甚至連火烤底片都試過。」

留美藝術家李俊賢的啟發

大約是 1990 年，楊順發無意間在媒體上看到李俊賢這位從美國留學回來的藝術家，竟把「幹林周罵」等國罵做為創作素材，「當時我感到十分震撼，原來就算喝過洋墨水的藝術家，也可以用這麼草根的方式創作。」因此，楊順發找出李俊賢的每篇文章，像「小粉絲」般地閱讀，體會李俊賢以關懷臺灣為核心

的創作理念,終於頓悟創作不該只有單向的表達觀點,必須有「關懷」國家、土地、人類的高度。

楊順發從高雄這座城市開始,以清道夫、機械維修工等小人物為拍攝對象,為了拍出基層勞工最動人的一面,楊順發按快門之前,會花很長的時間傾聽,他說:「紀實攝影很重要的是必須熟悉被拍攝者,而『熟悉』需要時間、需要耐心,不能貪快。」

當時他在中洲輪渡站附近發現一條「黑手街」,花了一整年的時間和當地的工人交心,他分享一張引擎維修工人站在油汙滿地的場域,卻自信燦笑的照片說:「這名勞工拍照時告訴我,雖然他滿身油汙,但內心卻是純淨的,並且驕傲地說他手上的一技之長就是誰也端不走的『鐵飯碗』。」照片裡工人自信的笑容,讓衣服上的汙漬像徽章一樣閃亮。

2007 年,高雄紅毛港遷村如火如荼進行,楊順發因為工作室租在當地而與村民頻繁互動,「村民傷心哭訴,紅毛港有四百年歷史,是祖先留下來的房子,房子拆了,九泉之下怎麼跟祖先交代。」雖然不是在地人,但楊順發決定用鏡頭為紅毛港居民發聲。

楊順發集結三十二位攝影同好發起「彩庄紅毛港」活動,創作者自己選一間老房子做為展場,讓攝影作品陪著斷壁殘垣再美麗一回,最後再伴隨房子一起被拆除、一起消逝,創作者以「不卸展」的行動,陪伴居民經歷房子被拆的痛與悲傷,如同為紅毛港舉行告別式。

媒體報導下,「彩庄紅毛港」活動吸引來自全國各地的民眾來參觀,甚至「驚動」高雄市政府,楊順發趁勢建議市府將這

些紅毛港影像紀錄集結成冊，送給當地居民每戶一本，「至少讓他們能告訴子孫：『曾經，我們的家在這裡……』。」

臺灣自解嚴後，有許多藝術家用自己的才藝參與社會運動，楊順發說：「『關心』就一定要『踏進去』，不是在外面用想像的。」「彩庄紅毛港」不僅是一場藝術行動，更是楊順發身為一個藝術家，用鏡頭來實際參與社會事件。

記錄海岸線地層下陷危機

2014年在李俊賢的邀請下，楊順發開啟「海島計畫」。一開始他先拍攝了旗津，接著一路往北拍攝「臺南故事」，楊順發回憶：「經過臺南北門附近時，遠遠就看到一棟三合院孤單單地佇立海中，當下感到疑惑『怎麼會有人把房子蓋在海上』？」

楊順發著手研究發現，原來這海上屋是地層下陷、海水倒灌所致，大感震驚之餘，他決定把這些土地浩劫記錄下來。楊順發花了很多時間觀察當地的漲退潮，決定利用鋁梯為筏載運器材，一步一步小心翼翼地踏著水路往前，成功地完成拍攝。

找到第一棟海上屋之後，楊順發又陸續在雲林、嘉義、彰化等地發現同樣的景觀，一路往北到苗栗、桃園一帶則發現浮沉於海面的碉堡，楊順發一一將這些景象拍下來。他自嘲：「藍領出身的優勢就是體力好，沒有學院派的理論訓練，靠的是兩隻腳踏踏實實的走。」

楊順發將記錄海岸線地層下陷的照片取名「臺灣水沒」系列，裡面其實有三層意義，一是，如字面上的意思：「土地被水

當楊順發發現，海上屋是因為地層下陷、海水倒灌所導致而成，他震驚之餘，決定把這些土地浩劫用影像記錄下來。
（圖片提供／楊順發）

楊順發踏入攝影界四十多年,持續用鏡頭記錄臺灣地景。

淹沒」，二是，讀音相同的「臺灣水墨」，表現古典韻味的藝術性，三是，以臺語發音為「臺灣美嗎？」以「唯美」視覺引發觀者反思人類行為對土地造成的傷害。

最關鍵的不是技術

「臺灣水沒」之後，緊接著的是「臺灣土狗」系列，主角從海中的建築物轉為土狗，畫面中黑狗或是孤伶伶地駐足沙丘遙望天際，或是一隻接著一隻行軍般沿水路前行，在壯闊海域中土狗如滄海一粟般渺小。

楊順發說：「拍攝的當下，我覺得這些土狗跟臺灣人的海洋性格好像！有時勇敢冒險，必要時又能彼此扶持，」因此他將系列取名「臺灣土狗 —— Taiwan To Go」，諧音寓意臺灣儘管被國際孤立，仍能謹慎並團結地前進。

楊順發時常被問到「作品的光圈是多少？快門又是多少？」楊順發無奈地說：「不是我不願意分享，但關鍵不在那些數字，」因為楊順發使用的「全景百張接圖技法」，每個作品都是拍了上千張照片後，慢慢的在電腦前分格「縫合」。他指著作品中一隻土狗說：「光是這個表情、姿態就從百張照片裡挑出來的。」

但這些技術與繁瑣的工序也還不是重點，楊順發強調：「重要的是，你要去關懷這塊土地，唯有真正的關心，才能挖掘出主題的溫度，進而鋪墊出作品厚度。」

（文／顏怡今）

第四部

美學

一九六〇年代臺灣經濟開始起飛,

短短三十多年,

國民平均所得就從一百多美元突破至一萬美元,

生活也從圖求溫飽,朝向更深層的美感要求。

從賽事到日常的美學競爭力

在大自然中我們得以從細微的觀察與體悟，
重新理解什麼是真正的美，
並透過自然啟發出更深層次的創意和情感。

—— 許榮輝 前中原大學地景建築學系客座副教授

2024年巴黎奧運以極致美感掀起全球關注，巴黎獨特的文化與設計語彙，為奧運帶來非凡的美學魅力。

奧運會場內外，無論是賽場設計、街區布置，還是相關的服飾、紀念品，處處顯現出一種既帶有巴黎印記，又符合當代需求的審美感受。這種「美學競爭力」，已成為法國社會文化的一部分，但對臺灣而言，卻引發了另一層次的思考：如何將美學力量融入至日常？

隨著全球社會快速變遷，生活美學的崛起成為國際競爭的重要軟實力。臺灣這片土地從農業時代走向現代工業化，生活需求從溫飽逐步升級，人們對美感也有了更深層的需求。

然而，美學競爭力並非一蹴可幾，它需要一段過程，讓美

感真正深入人心,並轉化為日常的文化力量。正如臺灣知名建築師漢寶德所言:「美感是人類天性的一部分,但需要培養才能廣泛的利用在生活裡,提升精神生活品質。」

生活美學的萌芽

臺灣數百年來一直是漢人移墾的社會,日治時期雖然改善了基礎建設,帶動農業經濟,但其目的是為供輸日本國內需求,國民政府接收臺灣初期,經濟更陷入黑暗期。

唯有需求不再只停留於溫飽需求時,人們對生活環境、品質的要求才會不斷提升。

為提振經濟,1960年代臺灣頒布《獎勵投資條例》吸引外資,並設立加工出口區,從農業轉向工業化發展,再加上十大建設的推動、新竹科學工業園區的設立,在短短數十年間臺灣從輕工業、重工業到高科技產業,成為全球供應鏈的重要一環。

這段歷程從根本上改變了社會的經濟及生活結構,國民平均所得也從一百五十三美元快速提升,1976年突破一千美元大關、1993年達一萬美元,一路往上攀升,生活水準穩定成長。在這樣的背景下,臺灣人對於美好生活的渴望逐漸浮現。

臺灣經濟成長的同時,原本基於國家安全考量、外匯管制等因素,對出入境嚴格限制的政策,因推動國民外交的需求而

鬆綁，在1978年，臺灣開放國人自由出國觀光，除了役男及後備軍人之外，所有國人都可以用觀光名義出國，使得出國旅遊人次迅速成長。

國際視野的開啟，對國人整體美學概念的提升有很大的啟發。臺北西區扶輪社臺灣文化獎委員會第六十屆主委陳修忠就提到，經濟改善及政策鬆綁讓出國旅遊日漸普及，民眾閱歷隨之增加，臺灣人愈來愈懂得欣賞美的事物，進而追求落實在生活之中。

其中，具體的體現之一便是建築。

臺灣歷經荷蘭、西班牙統治時期、漢人移墾時期及日治時期留下了不同風格的建築，進入國民政府時期後，受到國際潮流影響，臺灣的建築設計開始從實用主義，逐漸演化至多元時尚的現代建築，審美觀點也不斷提升。在追求國際化的同時，也融合在地人文風土，且深受美國建築大師萊特（Frank Lloyd Wright）主張建築與環境共融的「有機建築」理念影響，朝向綠建築發展。

以北投圖書館為例，其建築運用了大量的自然元素，木質結構與綠能屋頂融合了當地的自然景觀，成為一種象徵臺灣生活美學的現代化建築風格。而松山、華山文創園區等地，不僅是文化活動的場域，也成為人們日常聚集、互動的生活空間。這些場所不僅承載了建築的功能需求，更成為心靈的寄託，透

過視覺美感與環境氛圍，實現生活美學。

「親近自然，是美學的開端，」致力推廣景觀意識及環境永續的前中原大學地景建築學系客座副教授許榮輝也認為：「在大自然中我們得以從細微的觀察與體悟，重新理解什麼是真正的美，並透過自然啟發出更深層次的創意和情感。」

美學與環境的連結

生活美學並非單純的裝飾或形式，正如巴黎奧運中所呈現的那樣，它是一種文化價值與品味的外化。這些年來，臺灣的公共空間、建築風格、環境美學已成為生活的一部分，人們開始追求美感與環境的和諧，並從日常物件中尋找美的痕跡。美學逐漸滲透進社會各個層面，從個人的穿著風格、居家布置到社區的整體設計，都開始體現出一種「讓生活更美好」的集體意識。

在生活美學的崛起過程中，臺灣的藝術家們也積極參與國際活動，並以此為契機，將臺灣的生活美學推向更廣闊的舞台，例如，2009 年起持續參加日本藝術祭駐村創作的藝術家林舜龍，便是其中的代表。

他參與了日本越後妻有大地藝術祭及瀨戶內國際藝術祭，將臺灣的地景藝術融入國際視野。透過這些活動，他不僅將臺

灣在地美學介紹給國際觀眾,也讓臺灣社會逐漸意識到環境與美感的連結,讓美學成為一種新的環境意識。

臺灣的生活美學也包容了歷史過往,例如嘉義花磚博物館的創辦人徐嘉彬,多年來蒐集臺灣各地的傳統花磚,致力於保存及重振臺灣的花磚美學,透過他的努力,這些美學符號不再只存在於歷史中,而是回流到人們的生活,成為美學競爭力的一部分。

2018年臺北西區扶輪社的臺灣文化獎也特別選定老建築再生為主題,獲獎的陽明山美軍俱樂部、虎尾厝沙龍也同樣承載了歷史回憶與當代建築美學。臺北西區扶輪社臺灣文化獎委員會第六十三屆主委涂智益表示:「老建築再生不僅是提供視覺上的美學體驗,更保留了屬於臺灣的歷史故事,讓人們在欣賞之餘,也能重溫過往的生活記憶。」

生活美學的多元實踐

邁入二十一世紀後,臺灣在各方面都展現出強大的美學競爭力,並與時俱進與國際接軌,例如,近年來致力於雕刻藝術中突破界限,將傳統木雕與數位雕刻技術結合的藝術家韓旭東,就應用科技創造出既具東方韻味又富未來感的作品,呈現當代新風貌;2014年在紐約時裝週嶄露頭角的設計師吳日云,嘗試

各種跨界創作與異業合作,讓東、西方文化激盪出火花,也讓臺灣地景畫面躍上服裝,透過設計表現臺灣的美學素養。

生活美學的普及並非一朝一夕就能完成,臺灣的教育體系在過去多偏重學科知識的灌輸,然而隨著時代的變遷,美感教育的重要性愈來愈被重視。

近年來,許多學校開始設置美學課程,將美感素養融入基礎教育,透過藝術鑑賞、手作課程,讓孩子們從小就能建立對美的敏感度。

此外,社區大學與各地文化中心也積極推動各類美學活動,讓美感素養得以延續與發展。透過這些方式,美學不再是專屬於藝術範疇,而是社會的普遍需求,讓每個人都能從中找到生活的趣味與意義。就如美學大師蔣勳所言:「美,或許不在劇院,不在音樂廳,不在畫廊;美就在我們生活中。」

(文/黃怡蒨)

韓旭東

創新畫素式風格木雕家

自學不斷，
以創作回應數位時代

2002
臺灣文化獎
臺灣美術類

一塊塊原本面無表情的木頭，在木雕藝術家韓旭東的刻劃下，有了各種栩栩如生的演繹，有戰士的肌理、老者的皺紋、雞皮上的粒粒疙瘩，薄如紙的面膜，透過各種寫實主題，展現其別致細微的觀察與鬼斧神工的木藝功力，呼應當代的動態木雕，更是令人嘖嘖稱奇，驚豔不已。

從未接受過正規雕刻訓練，韓旭東透過大半生不斷自學和實踐，累積了四、五百件木雕作品。臺北西區扶輪社第四十七屆臺灣文化獎選定他為「臺灣美術類」得主時，曾如此評論：「在臺灣木雕界的新一代裡，是位沉默耕耘及拓荒的探索者，企圖擺脫傳統包袱，以深思與審思，關心周遭環境與社會變遷……」

一如評語所述，韓旭東最為人所知的就是，十多年前他開始嘗試以雕刻中常用的「集成材」來創作，將一小塊一小塊木頭黏合成型的角料，以畫素（pixel）的方式集結成立體，再進行雕刻，帶有數位感的強烈視覺風格，為傳統木藝開創新路。

像是一件名為「滑啊滑」的作品，主角面容五官被刻意模糊，整張臉都要貼到手機上，再利用集成材表現手機外的身體逐漸瓦解的模樣，畫面十分滑稽。現代人的生活就如此離不開手機嗎？他以作品反映出當代社會的人們沉浸於3C用品的失序感，「我希望人們在觀看作品的時候，能夠深刻感受到，這就是我們身處的數位世界，」韓旭東如是說。

人生轉個彎看見更多風景

藝術家們總有些與眾不同的氣質，有人狂放不羈，有人謹慎細膩，相形之下，戴著黑框眼鏡、說起話來不疾不徐的韓旭東，

多了一份文人儒雅,這源自於他一路走來非典型的創作歷程。

韓旭東的外公李墻多才多藝,其中一個身分是「佛像雕刻師」,雕刻技巧亦是自學而成。由於母親是家族排行最小的女兒,因此在韓旭東的童年時光裡,無緣親睹外公的工作身影,但家裡擺著外公刻的佛像,外頭佛具店櫛比鱗次,他說:「走在市街上,不時傳來『叩叩叩』的木作聲響,大老遠就能聞到樟木的味道,」加上對外公深懷孺慕之情的母親,經常跟他分享外公的故事,「在這樣的環境養成下,木雕對我來說並不陌生。」

彷彿是流在血液裡的藝術細胞作祟,他從小喜歡畫畫。外公過世後留下了刀具,韓旭東自己買木頭回來「玩」,培養出興趣,成為啟發他少年時期便下定決心往藝術發展的火種。

早早確立了人生目標,韓旭東卻沒有走向正規的美學教育,而是在高中畢業後進入臺灣大學人類學系。他笑稱,選填科系時,特意在藝術相關科系的前面多填了五個自己也很有興趣的志願,「想看一下別的風景,多繞一個彎去學點別的東西,增廣一些眼界和想法,人生行囊也會更豐富一點。」

大學生活有如吞了人生膠囊

多采多姿的大學生涯,的確如韓旭東所期待的厚實了見聞,蘊蓄出滋養一生的養分。從技術面來說,人類學不只有文化人類學,也包含了體質人類學,深入淺出認識人類體質演變、骨骼特徵、出土人類遺骸辨識。他在大一就參與了臺東卑南遺址的考古發掘工作,以及頻繁的田野調查。

韓旭東笑說：「三月大甲媽祖遶境期間，教授每每在課堂上點名，總有一大半未到的人，是為了田野調查跟著進香去了。」比起普通大學生的生活圈都是同齡玩伴，他在田調裡接觸到社會形形色色、各種年齡和工作階層的人，累積的人文觀察，成為日後他在木雕創作時，能精準掌握人的表情、肢體的關鍵。

韓旭東的作品「寫實」和「寫意」並陳，1991年在東之畫廊的首場個展，初試啼聲就獲得熱烈迴響，給了他持續創作的勇氣。他自述創作習慣會先設定一個主題，比如2017年個展「女人兩三事」論述女性角色，「我會在很短的時間裡，擬出非常多要做的題目。」

行雲流水的創作發想，奠基於人類學的養成，「那四年就像是吞了一顆壓縮的人生膠囊，」韓旭東這麼比喻。經歷豐富多變的人、物、事，為日後創作打下扎實的基礎，信手捻來都是故事，「我幾乎不太擔心自己沒有題材可做，」他自信地說。

畫素式雕刻作品充滿數位感

每個時代都會有屬於那個時代不同的作品，是自詡為「社會觀察型」作者的韓旭東給予自己的課題，「今天我們仍然可以做像是米開朗基羅、羅丹那樣的雕塑，但重複大師步伐去做出這些東西，其實沒有太大意義，」對他而言，眼前更重要的是如何以創作回應時代。

2010年前後，有感於大環境的快速變遷，數位科技的發展，正以前所未見的影響力劇烈改變人們的生活，讓韓旭東思考，

木雕創作是否也該有些不同於以往的新面貌？

從 2012 年的作品「頭像 1 號」開始，他嘗試以集成材創作，將木頭角料以規則或不規則地交錯，創造出迷人的正、負空間變化，同時藉著這種幾何方塊的組合，讓作品呈現出一種數位感，張力十足。

韓旭東指出，這樣的創作方式並非自己首創，國內外早有先例。三十多年前，深受西方藝術思潮薰陶的藝術家蔡根，便有將廢棄木材膠合再進行雕刻的做法。蔡根從合成木材出發，撿拾蒐集石頭、枯枝等複合媒材加入作品中，發展出一套「處理不同材質之間的互相關係」的創作語彙。

雖意識到這樣的作品對自己有極強的吸引力，那時的韓旭東自認對於創作的想法和時機還未成熟，沒有貿然嘗試。直到數位化的大浪襲來，恰好啟發他以「集成材」的雕刻方法，為木雕帶來全新的開展方向，他稱之為「畫素式木雕」。如果在 google 搜尋「pixelated wood sculpture」，檢索出來的絕大多數都是他的作品。

集成材創作，為環境永續提供解方

「這個做法其實是在模擬構成電腦螢幕影像的『畫素』，兩者視覺效果相當接近，只是平面和立體的差別，」韓旭東強調：「怎樣把它刻到能保持一部分古典，然後又添加一些現代的元素上去，這是我想要做的。」

近十多年來，韓旭東以這種獨特風格，形塑出各種不同面

這個名為「滑啊滑」的作品,是韓旭東欲傳達現代人沉浸於3C用品的失序感。
(圖片提供/韓旭東)

韓旭東從未接受正規雕刻訓練，藉由不斷自學，已創作四、五百件木雕作品，展現對時代的觀察與情懷。（圖片提供／韓旭東）

貌的畫素式木雕。他提到，利用集成材來雕刻的一大特點，是擺脫了過去創作時受限於原始木材尺寸和形狀的困擾，獲得更多的發揮空間。

韓旭東表示：「藉由小木塊自由拼組達到需要的大小，只要結構可以支撐，就能製作出更大型的作品。」另一方面，傳統木雕消耗材料甚多，反觀集成材不必再追求巨大的木材，甚至可以讓被削去的角料再次被運用，韓旭東認為這不失為一種善待環境的永續解方。

不同於大部分創作者對於來勢洶洶的人工智慧科技多抱持著擔憂與悲觀，韓旭東選擇正面擁抱科技，「我一直覺得數位工具可以給予創作者很多幫助，端賴你怎麼使用它，不是一直敵視它。」

2019年，韓旭東無意間看到女兒桌上的機械參考書，隨手翻閱卻被勾起興趣，興起創作「動態雕塑」的念頭，他從YouTube自學寫程式，藉由微電腦控制馬達讓作品動起來。在科技元素的使用上，他格外謹慎取捨，「要保留作品的原始木雕特色，而不是做出一個機器人。」

對年逾耳順的他來說，組構這些軟硬體零件絕非易事，卻是藝術家期待自己「創新」和「改變」懷抱的初衷。對於創作，韓旭東始終保持著開放的態度，也很願意將自己多年經驗與年輕一輩共享，他直言：「這個世代的文化是『分享』。」

在韓旭東身上，讓人看見了藝術家不畫地自限，不斷在藝術道路與時俱進，他就像一位用木雕創作書寫民族誌的人類學家，在每件作品展現了對時代的深厚關懷，既回望過去，又面對當代，以作品映照社會風貌，反映世態。

（文／張雅琳）

吳日云

首位登上紐約時裝週的臺灣設計師

跨域無限，
一心傳遞生活美學

2012 臺灣文化獎

﹛臺灣男衫傑出年輕設計師獎﹜

﹛潛力設計新銳獎﹜

不那麼熟悉服裝時尚產業的人，或許不見得聽過「吳日云」這個名字，但很有可能他設計的衣服，曾在某個時間點落進你的視線，總統賴清德、國際巨星 Lady Gaga 都曾穿著他所設計的服裝公開亮相。

低調洗鍊、風格簡潔，在細節處藏有小驚喜，是吳日云個人品牌 AUSTIN.W 最常給人的印象。2014 年的雙十節，他為當時的總統夫人周美青量身打造國慶裝，從經典、高雅的主軸出發。白天的五分袖合身洋裝以黑底為基調，搭配桃紅緹花，代表著對國慶的祝福，希望國家如花綻放；晚宴則換上一襲絲質長禮服，腰間飾以雙色單結設計，剪裁俐落。衣服和主人氣質相得益彰，搏得滿堂彩，也讓許多人紛紛探詢：「誰是吳日云？」那一年，他才二十四歲。

1990 年次的吳日云年紀輕輕便嶄露頭角，就讀實踐大學服裝設計學系大三時，他一舉拿下超級設計師大賽的冠軍寶座，自創同名品牌 AUSTIN.W。此後，陸續於北京時裝週、東京時裝週參展，更因簡約、穿搭性強的設計風格獲得青睞，成為 2014 年紐約時裝週亞洲時尚秀唯一入選的臺灣設計師，名揚國際。

臺灣男衫設計獎的啟發

光陰倏忽而過，如今的吳日云娓娓道來經營品牌的心路歷程，那張看不太出年紀的臉龐仍十分清秀，但清晰口條裡頭，已飽含十多年來透過創作，對於文化自信和自我認同的反思。

吳日云的設計種子早在童年即種下，在單親家庭長大的

他，從小跟著父親和爺爺、奶奶生活，因為爺爺職業與建築相關，散落著設計圖和手稿的工作桌，是他的遊戲場。吳日云自承：「有段時間比較少跟母親接觸，對小時候的我來說，記憶裡母親的形象其實是很模糊的。」

當母親重新出現在他的生命裡，吳日云觀察到母親對於穿著的講究和品味，讓他意識到：「原來穿著可以傳達內在的情感和價值觀，我開始思索『設計』的重要，也會去想到底什麼是流行？」吳日云記得自己還在唸高中時就非常重視穿衣打扮，甚至會在制服裡面穿上喜歡的私服，一下課就脫掉外衣，「那時候就滿篤定以後想要往服裝設計這條路走。」

如願考上實踐大學服裝設計學系後，吳日云憑藉得天獨厚的天分，在設計上揮灑自如，連連拿下校內外各項賽事獎項，例如 2011 時裝設計新人獎、2012 實踐大學服裝設計學系畢業生服裝展演第二名。累積了一些名氣，也讓他收到第三屆 Taipei in Design 超級設計師大賽的邀約。

吳日云回憶，當時因應不同項目的要求，每個星期都拚命做衣服。但他很感謝能有這段經歷，可以在短短幾個月的時間，收穫了飽滿的經驗值。

超級設計師大賽進行期間，別出心裁地開出一個「臺灣男裝」題目，讓吳日云印象深刻，「因為在那之前我的作品比較強調優雅、以女性為主的設計方向，」他提到：「那是一個神奇的起源，就像是塊敲門磚，打開了我嘗試設計男裝的天線。」

在十多年前，臺灣男性對於穿著品味的意識普遍不高，設計品牌也不像今日市場百花齊放，這個題目對他而言是全新的

挑戰,讓他重新思考臺灣男裝的輪廓,究竟該是什麼模樣?

「在我們以往學習的歷程裡,可能沒有太多時間和精力去探究什麼是臺灣文化,它是多元薈萃的,無法用漢族、客家、原住民等單一族群做為代表,」但吳日云通過對臺灣文化的理解,提出一系列全白與灰色拼接組合的正式服裝作品。

他表示,臺灣男性的穿著多以休閒、運動為主要元素,因此他的出發點,是希望運用不同布料的特性,為男性族群設計出不同場合的合宜穿著。「臺灣氣候炎熱,往往讓人抗拒穿著正式服裝。因此,我選擇使用臺灣在地的機能布料,吸濕排汗,兼顧正式與舒適,不必在兩者之間取捨,」他認為,正式穿著不一定非要是西裝領帶,也可以透過特殊剪裁、挺拔的設計,給人精神抖擻的都會感。

這樣的想法及令人驚豔的設計成果,也讓他一舉拿下臺北西區扶輪社第五十七屆臺灣文化獎「臺灣男衫——傑出年輕設計師獎」,以及晚禮服類的「潛力設計新銳獎」。

服裝展現東西方文化差異

服裝最能展現民族文化。吳日云分享,長年在第一線親身接觸消費者最常被問到:「這麼有設計感的衣服,到底什麼時候才能穿出去?」他從中體認到,東西方穿著美學的最大差異,在於自信心的展現。

西方人通常相信自己能夠駕馭服裝,樂於利用服裝來表達個人風格與想法,不會自我受限,「他們認為只要喜歡某件衣服,

就可以穿出自己的風格，那種『只要我喜歡有什麼不可以』的自信，讓他們毋須在意身材是否完美，」他說，相反地，東方人則相對保守謹慎，先入為主預設自己無法駕馭特定款式，擔心自己的身形與風格不匹配，也過於在意外界眼光。

　　吳日云認為，這種差異源自於東西文化的養成。東方儒家文化訴求謙虛自省，反對過度誇大個人風采，服裝選擇也受此影響，多半樸素、不張揚。也因此，在審美上傾向於不過度強調身體線條，而是通過衣著的簡約表現出內在美。

　　身為設計產業的一員，意識到這種文化上的保守和國人對自信心的欠缺，吳日云看見包括他在內，許多品牌都試圖引導消費者勇於挑戰不同風格，「我們可以藉由更親民的價格設定，讓大家不再把時尚視為是一種負擔，就會更願意去嘗試，把服裝做為一種自我表達的工具。」

　　對於「快時尚」的流行，吳日云也樂觀看待，「快時尚進入臺灣後確實對本地產業造成一定衝擊，但它同時為消費者提供了更多嘗試的機會。」隨著市場更多元化的趨勢，消費者的心態也會逐漸開放、進化，深入思考什麼才是最適合自己的選擇，這也是一種美學涵養。

美感來自於生活經驗

　　「用最簡單的話去說故事」是吳日云一貫的創作哲學，他以「無聲的存在」描繪品牌精神，回歸最純粹自然的面貌，經典的甲蟲洋裝（beetle dress）、石墨灰、大理石與曇花，皆是大自然語彙。

吳日云於 2013 年東京時裝週推出的秋冬系列作品，使用多樣化灰色面料，打造異素材的低調美感。（圖片提供／吳日云）

吳日云認為服裝設計與生活美學息息相關，不應過於氾濫或浮誇，
因此他以「用最簡單的話去說故事」做為創作哲學，回歸純粹自然的面貌。

近年來,擅長重組符號、元素的吳日云,將事業重心放在嘗試各種跨界創作與異業合作,例如 2015 年與義大利精品家具品牌 MOROSO 合作的聯名服飾 The Future Garment,讓東西方文化激盪出火花;2022 年與「看見・齊柏林基金會」推出「虛實玩心・看見齊柏林」系列,運用渲染印花、金屬刺繡、異材質編織等手法,讓臺灣地景畫面躍上服裝,展現不同的面貌。

「服裝設計與生活美學及風格息息相關,不應該過於氾濫或浮誇,而是追求源遠流長、歷久不衰,」吳日云大學時曾在國內知名設計師陳季敏旗下實習,不僅讓他看見其在自有品牌創作的堅持,也受其生活態度的大量薰陶,在服裝上添加了對生活的想法。

他引用作家蔣勳著作《天地有大美》內容,「書中提到,我們對感官的使用過於局限,主要依賴視覺,卻忽略了還有觸覺、嗅覺、聽覺和味覺,」因此,他在設計工作中會有意識地打開其他感官,例如用香氛營造生活氛圍,這些感官體驗能幫助他以不同的視角看待世界,日常俯拾片刻皆美。

目前吳日云正在臺北藝術大學藝術行政與管理研究所進修,他期待這段經歷打開自身對於藝術詮釋的面向,「服裝僅是文化表現的一種媒介,一切設計審美,都來自我們對於生命經驗與不同文化的理解。」透過美學涵養的眼光,欣賞自己的美,終能成就豐盛的生命。

(文 / 張雅琳)

林舜龍

跨越國境的地景藝術領航者

用藝術連結人和土地，
臺灣更美好

2017
臺灣文化獎
藝術推廣獎

走在臺北 101 的廣場，你或許曾被那座鮮紅的「LOVE」雕塑吸引，停下腳步拍照；搭乘高雄捷運經過美麗島站，可能抬頭看過那片耀眼的「光之穹頂」彩繪玻璃；甚至，當你行駛在南科大橋或搭高鐵經過臺南新市科學園區時，迎曦湖公園裡那條巨大的黃絲帶，也曾短暫成為你視野中的風景。這些裝置藝術，悄然成為我們日常的一部分，為城市注入獨特的文化記憶。

這一切的開始，源於 1990 年代臺灣經濟的蓬勃發展。

藝術豐富了城市文化

臺灣在工業化浪潮下飛速發展，成為亞洲四小龍之一，伴隨而來的繁榮，讓政府投入大量資源美化城市。1992 年《文化藝術獎助條例》的通過，標誌著公共藝術時代的來臨。此政策規定，公有建築必須提撥至少造價百分之一的經費設置公共藝術，於是，這些藝術作品逐漸點綴在我們的生活空間，豐富了城市的文化層次。

公共藝術不僅是城市景觀的點綴，它也隨著社區總體營造及地方創生的政策相融合，發展出地景藝術的嶄新形式，林舜龍則是重要推手之一，影響所及，東海岸大地藝術季、縱谷大地藝術季、屏東落山風藝術季、澎湖地景藝術節、馬祖國際藝術島等，在全臺各地如蝴蝶效應般展開。

2016 年，林舜龍在小豆島創作《跨越國境·潮》，以敘利亞難民男童倒臥沙灘的悲痛影像為靈感，用當地的海沙、黑糖

與糯米粉等天然素材，雕塑出一百九十六座代表不同國家、不同樣貌的孩童雕像，每一座都朝向自己的祖國，背後並標示著祖國的經緯度，隨著潮起潮落，雕塑慢慢溶解。這種緩慢消逝的過程，深深震撼著觀看者，也展示了林舜龍對人文關懷的強烈情感，成為他具國際影響力的作品之一。

地景藝術的社會實踐

藝術創作的過程中，林舜龍也曾一度陷入迷惘，直到公共藝術讓他找到了一條與人、環境對話的創作之路。

1996年，林舜龍從日本、法國學成歸來，2002年成立了達達創意，並開始將藝術帶入日常生活的公共場域，探索藝術與社會之間的關聯。2003年，林舜龍為臺北市士東國小設計了他的第一件公共藝術作品，巨大的黃色大鉛筆「詩咚」。之後，他的作品遍及臺灣各地，像是臺北捷運大安森林公園站的「春光乍現」，青蛙雕塑在都市綠地中自在地享受著屬於它們的閒適；南港展覽館外的「天人境界」，以不銹鋼的兩隻巨手相互觸碰，象徵天地與人的對話。

更值得一提的是，新北市鶯歌的15公尺高手拉「坯」雕塑，隨著新北市美術館園區的開放，在封存14年後重新登場，這件作品以當地的素坯為靈感，象徵其為傳統陶藝文化的起點，並展現陶土在手拉坯時的特殊姿態。

林舜龍的創作不僅止於臺灣，在國際藝術祭中更備受矚目，尤其是在日本的越後妻有大地藝術祭及瀨戶內國際藝術

林舜龍在小豆島創作《跨越國境・潮》，
用當地天然素材雕塑一百九十六座代表不同國家的小孩，
每座都朝向自己的國家，展示他對人文關懷的強烈情感。（圖片提供／達達創意）

祭，他的作品一次次引發觀眾共鳴。

這段跨國合作的契機始於他在南港展覽館創作時，結識了東京藝術大學的學長、著名策展人北川富朗。北川提出邀請：「林桑，來日本參加國際藝術祭吧？」讓他毫不猶豫地踏上了這段跨國創作的旅程，自2009年起，持續參加日本的藝術祭駐村創作，並逐步探索藝術與土地、社會之間的深層聯繫。

於是，林舜龍在日本展開了《跨越國境》系列作品，包括《跨越國境·山》，以代表臺灣農業精神的水牛為象徵；《跨越國境·海》運用「種子船」象徵生命的延續，乘著數萬年的洋流漂泊；《跨越國境·潮》更展現了生命的脆弱與消逝；《跨越國境·波》則以海膽造型的竹裝置藝術，再次捕捉自然與人之間的張力。

跨越國界及無形邊界

當被問及是否特意在國際場合中展現臺灣意識時，林舜龍回答：「藝術是人類共同的語言。」他更想表達的是個人感受與創作的獨特性，藉由跨越國界的藝術語言，連結人與人、國與國、乃至人與自然之間的情感。

策展人北川富朗則看到了另一層深意：「林舜龍的作品，始終懷抱著引領臺灣團隊一路向北（日本）航行的象徵。」藝術的力量，跨越了國界，也跨越了人們心中那道無形的邊界。

也因為林舜龍做為臺灣地景藝術的重要推動者，長期受邀參與日本藝術祭駐村創作，並在臺灣執行過「浪漫臺三線藝術季」的策展與創作，多年來，跨越臺、日兩國的創作經驗，讓

他對兩地的地景藝術發展有了深刻的比較與反思。

「兩國的地景藝術都圍繞著地方再生，並關注鄉村人口的流失與地方活力的重建，」林舜龍談到兩地的相似點。然而，他也清楚地看見臺、日在藝術推動上的差異，尤其在組織架構與持續發展的層面。

日本的地景藝術祭是一套成熟的模式，導入了大量國際藝術家，為地方創造出無數打卡勝地。「日本已經把藝術與地方結合成為一種長期的地方創生策略，不只是吸引了觀光客，也大幅提升了地方經濟與文化價值，」林舜龍以日本專門為藝術祭編製、提供給觀光客的導覽雜誌為例，內容清楚標示了哪裡吃、哪裡住，甚至安排了專屬的旅行路線，這樣的配套措施，讓日本的地景藝術祭成為世界矚目的藝術盛事。

相比之下，臺灣雖有心推動地景藝術，卻面臨著諸多現實挑戰。林舜龍直言：「臺灣的地景藝術大多是透過公標案推動，缺乏特色及延續性。」此外，民眾對地景藝術的認識相對不足，甚至有些遙不可及的感覺，「很多人覺得藝術太過精英化，甚至缺乏與日常生活的連結。」這正是推動臺灣地景藝術的最大難題。

建構臺灣的藝術藍圖

林舜龍不因此感到氣餒，他認為，只要結合地方特色與更多的教育推廣，讓地景藝術成為地方的一部分，不僅美化環境，也能真正融入社區生活，他說：「藝術不應該是高不可攀的，應該和每個人的日常息息相關。」

林舜龍認為，只要結合地方特色與積極教育推廣，
讓地景藝術成為地方的一部分，
不僅美化環境，也能融入社區生活。（圖片提供／達達創意）

經過日本越後妻有大地藝術祭與瀨戶內國際藝術祭的多年洗禮，林舜龍深刻體悟到藝術如何成功翻轉沒落的城鎮，甚至重塑一個地區的文化與經濟。「讓臺灣更美好」的使命感推動著他，希望將這套成功的地景藝術模式帶回家鄉。

2024年，林舜龍受臺灣好基金會之邀，在屏東潮州展開一項為期三年的駐村計畫。他不僅要將自己的創作融入這片土地，還特別邀請了日本知名公共藝術家鞍掛純一與景山健，與臺灣的藝術家共同創作，打造一場跨越國界，融合臺、日文化的地景藝術對話。

這個計畫的核心，是在地文化與藝術的共鳴。「藝術必須根植於地方，才能真正發揮作用，」林舜龍相信，通過藝術家的創作與地方居民的參與，這場藝術運動不僅能提升地方的美學價值，還能成為促進經濟效益與社區活力的重要力量。

儘管未來挑戰重重，林舜龍對臺灣地景藝術的前景仍然充滿信心。「地景藝術不是簡單的雕塑或裝置，而是一場土地、文化與人之間的對話，」他堅信，當這種互動真正發生，藝術將不僅僅是外來的創作，而是屬於臺灣、屬於每一個參與其中的人的共同作品。

在他看來，只要能建立更具結構性的推廣方式，並持續讓當地居民參與，臺灣的地景藝術必然能找到屬於自己的獨特道路，成為地方創生的核心力量。正如他所見證的日本藝術運動，藝術不再是遙不可及的夢想，而是一座橋梁，連接著人、土地與未來。

（文／黃怡蒨）

徐嘉彬

斜槓的花磚職人

重振臺灣花磚美學
邁向國際

2018
臺灣文化獎
老建築再生獎

臺灣花磚曾在 1920 年至 1935 年間風行一時，然而受日本發動大東亞戰爭的影響，戰爭期間，花磚的海運與國際貿易路線遭受嚴重衝擊。雖然政府未明確禁止花磚外銷，但因其屬於非戰爭所需的商品，工業資源大多被重新分配至軍事用途，間接導致花磚的生產和出口受到嚴重限制。同時，隨著戰爭的蔓延，國外市場對花磚的需求也逐漸減少，這些因素導致花磚的生產幾乎陷入停滯，臺灣新宅廣泛使用花磚的盛況也戛然而止。

　　隨著時光流逝，這些僅存的花磚也因老房子逐漸拆除，數量愈發稀少，關於臺灣花磚的歷史資料更是近乎空白。直到最近三十年，才逐漸有一群人意識到它們的藝術價值，開始投入搶救老宅上的珍貴花磚，試圖復刻那段臺灣建築美學的輝煌。

花磚與紅磚的獨特魅力

　　徐嘉彬，本業是科技業主管，多年來致力於老房子的花磚搶救工作，每次都得與怪手爭分奪秒。當疲憊襲來，他常坐在路邊發呆，心裡不禁想：「這棟建築就這樣無聲無息來到世上，然後又默默消失。隨著房子的拆除，家族的故事也就一同消失了。」他特別提到臺中吳鸞旂家族，曾經顯赫無比，卻隨著時代變遷變得鮮為人知。

　　他的思緒被拉回二十多年前搶救花磚的現場，過去的記憶如昨日般鮮明，這段旅程也成為他傳承花磚文化的起點。

　　徐嘉彬與臺灣花磚的淵源已長達三十年，從研究生時期拍攝古厝開始，他便對這些古老的建築細節產生濃厚興趣。隨著時間推移，他對花磚的熱愛愈發深厚，甚至與一群志同道合的夥伴，共同投入搶救和保存臺灣瀕危花磚的行動。

「百年前的臺灣花磚不僅富有藝術性，還蘊含深厚的人類情感。當時那些功成名就的人家總會裝飾花磚、剪黏、交趾陶，這些拼貼藝術成了無法替代的象徵，每一棟老宅都獨一無二，」提起臺灣花磚的歷史價值，徐嘉彬總是充滿感情。

臺灣盛產水果，這在花磚的設計中也得到了充分展現。桃子、柿子、石榴、葡萄等，寓意豐收和多子多孫的圖騰，經常出現在磁磚上，成為祝福與期盼的象徵。而國人最愛的牡丹花，也常見於花磚圖案中，代表著富貴與繁榮。徐嘉彬認為，這些符號不僅裝飾了空間，也傳達了對生活的美好願景。

不僅在建築上，花磚在當時的臺灣家庭中，還被廣泛運用於家具裝飾。嫁妝中常見的椅子上、迎娶新娘的紅眠床邊，也少不了這些色彩鮮豔的花磚鑲嵌。最有名的例子之一便是「茄苳入石榴」，一種將不同木材與工藝結合的供桌，價格高達十幾萬元，展現了日治時代人們對美的追求與尊重。

談到臺灣花磚與其他國家的不同，徐嘉彬認為最大的特色在於，花磚與紅磚建築的完美結合，在全球極為少見且獨具一格，例如，新北市深坑的德興居，二樓外牆就拼貼著如織毯般華麗的花磚；臺中大安黃宅則是將紅磚與白石間隔疊砌，並嵌入五彩繽紛的花磚。每當談起這些建築，徐嘉彬的眼中總閃耀著光芒。

2014 年，徐嘉彬得知重建於 1938 年的嘉義市德豐材木商行（最早建於 1921 年，因火災毀損）有意出售，它曾是阿里山林業時期，由臺灣人開設的最大木材行，他考慮了一個多星期，為保存這棟檜木建築以及完整追溯臺灣林業歷史，決定斥資一千四百多萬元將它買下，並花了兩年時間整修，最終投入近

二千萬元。

「建築是故事的載體。大家知道日治時期五大家族之一的臺中霧峰林家,是因為我們還能親眼看到當年的老房子,」徐嘉彬深有感觸,這些傳世大宅曾是時代的象徵,各具獨特的設計與意義,但他親眼見過太多老宅瞬間被夷為平地,深知德豐材木商行的文化價值無法再生。

從工程師到文化守護者

這棟建築對徐嘉彬來說,不僅是歷史的見證,也是兩代人情感的紐帶。在購買這座老宅之前,他已經搶救數千片臺灣花磚,這些寶貴的文物需要一個展示的空間。於是,他決定創立臺灣第一家花磚博物館,並透過這個地方,為父母的退休生活提供一個與社會接軌的橋梁。

「無論是搶救花磚,還是保存檜木老宅,我總覺得自己像是被命運推著走,」身為科技業主管,徐嘉彬收入不菲,但他坦言:「如果沒有這些文化上的興趣,我的人生似乎少了些什麼。」

花磚博物館的成立,象徵著徐嘉彬第一階段夢想實現。「開幕的前二年,沒有什麼客人,一天大約十到二十組客人,採預約制,有人打電話來,我爸才從家裡騎著摩托車來開門、導覽,」徐嘉彬形容開業初期的慘淡經營。

直到某天一群大學生,為畢業製作前來取景,徐嘉彬請他們順便為博物館拍攝群眾募資的影片,「知名度如病毒般擴散開來,」徐嘉彬如此形容,「它吸引到並沒有逛博物館習慣的人來參觀,很多年輕人只是為了打卡而來,但沒有關係,我的目的

就是要讓更多人知道花磚的美。」

「募資平台也是打開知名度很好的入口，讓一般民眾知道花磚博物館在做什麼，」徐嘉彬驚訝於群眾的力量，第一次花磚製作的募資就有五百多萬元的成績，2021年的年曆募資更創下千萬元的佳績。

徐嘉彬團隊蓄積二十多年的量能，瞬間爆發。

隨著花磚文化逐漸進入大眾視野，花磚博物館不僅是歷史

徐嘉彬至今已搶救數千片臺灣花磚，
並透過各種形式讓大家了解與傳承花磚之美。（圖片提供／徐嘉彬）

的展示場,也成為文化與現代生活相結合的典範。他們運用這些文化資產,開發出年輕人喜愛的杯墊、耳環、桌曆、磁鐵等文創商品,將花磚美學融入日常,成功地吸引了更多的年輕消費者。

在臺灣經營私人博物館並不容易,徐嘉彬深知,花磚文化的保存不能單靠展覽與商品銷售。為了讓這項文化永續傳承,他憑藉理工背景,和團隊著手建立數位化資料庫,並轉換為書籍與日曆的銷售,藉由盈利挹注經營。

同時,隨著博物館知名度的提升,外銷市場逐漸成為主力,進一步擴展了產業鏈。近年來,他們在新竹香山租下兩棟透天厝,建立了花磚的生產線,開始以工業化的方式生產花磚,確保產品尺寸、平整度和釉色等,符合全球瓷磚法規與標準,徐嘉彬表示:「如此一來,臺灣花磚不再只是藝術品,而是進入人們的日常生活。」

以科技人思維傳承文化

除了讓花磚融入日常生活,花磚博物館也擔負著推廣教育的使命。

每個營業日的上午十點半到下午四點半之間,館方安排每小時一場的導覽,希望透過密集且互動式的體驗,讓參觀者不僅能觸摸到實體的花磚,還能了解發展歷史、感受它的美感,進而喚起對花磚文化的興趣。過去沒有人系統性地整理臺灣花磚的歷史,徐嘉彬深信:「如果每天有三百人參觀,潛移默化中,

徐嘉彬於二十多年前開始投入搶救老宅珍貴花磚,試圖復刻臺灣建築美學的輝煌。

就能影響到很多人。」

臺灣花磚的文化價值也逐漸融入教育體系，成為學校的教學素材。當許多企業仍專注於計算投資回報率時，徐嘉彬更在乎的是社會投資回報率。雖然這種影響難以量化，但其社會價值不容忽視。在臺灣花磚百年歷史之後，能讓年輕世代認識並珍惜這些文化遺產，才是最具長遠意義的回報。

三十年來，徐嘉彬以科技人的思維，一步一腳印地將百年前的臺灣花磚文化產業化。「科技業靠著團隊不眠不休的投入，才能開發出全球化的產品；但文創產業通常只著重於藝術品的創作，卻忽略了量產與市場接受度，」徐嘉彬認為，臺灣文創產業之所以難以做大，很大原因在於創作者常常單打獨鬥，缺乏集體合作的精神。

然而，徐嘉彬既擁有科技人的眼光，又對文化有深刻的執著，成為比科技新貴更為珍貴的文化職人。他不僅守護了臺灣花磚的歷史，更讓這些文化資產在新世代中煥發新生。

（文／黃怡蒨）

第五部

文學

從移民、殖民、戒嚴到自由開放，
臺灣文學的發展難處在於，書寫系統的紛雜且斷裂，
臺灣作家在歷經轉換的考驗後也開始反思，
臺灣文學、文化，是否應該釘根於從小生長的土地上？

挺過暗黑時代，純文學不死

臺灣民主進程深刻影響臺灣文學的走向，
大眾媒體的轉變亦然。

—— 林淇瀁 國家文化藝術基金會董事長

    臺灣文學是從漫長黑暗的歷史隧道慢慢走向曙光的，而分屬於臺灣文學的臺語文學，也緩步同行。

    所謂的臺灣文學，臺灣詩人作家、國家文化藝術基金會董事長林淇瀁（向陽）說：「凡是在臺灣發表、書寫臺灣事物，都足以稱為臺灣文學；或者，即便不是臺灣人，只要在臺灣長期居住且書寫有關臺灣人、事、物的作品，也可稱之為臺灣文學。」他清楚引述日治時代知名學者黃得時，曾公開發表對臺灣文學的定義和想法。

    其實，早在漢人來臺之前，以神話傳說和歌謠為主的原住民口傳文學流傳已久，雖沒有文字，但就文學史的角度，仍被歸納為臺灣文學的一環。

    至於有文獻可考的臺灣文學史開端，則可追溯至荷蘭統治的臺灣時期。荷蘭傳教士來臺灣之後，為了傳教，以羅馬拼音

為基礎，學習並拼寫西拉雅語，促成最早的西拉雅文，並以此語言和文字進行聖經編寫和傳教，由於多數傳教士皆落腳於臺南西拉雅部落聚集的新港社，因此稱為「新港文書」。

明鄭時期，中國古典文學進入臺灣，為臺灣文學鋪墊了肥沃的養分。生於浙江的文人沈光文在臺南麻豆開設私塾，教授漢人和平埔族子弟漢文，臺灣古典文學於此落籽，且延續至清朝、現代，開枝散葉至今四百年，在臺灣文學史中占有一席之位。

「臺灣早期移民中，以閩南人居多，因此私塾老師教學時幾乎以閩南語為主，當時他們把論語稱之為『孔子白』（臺語發音，意即「子曰」），」林淇瀁指出，中國古典文學在臺灣落地生根，造就了不少優秀的臺灣古典文學家，以臺語漢文書寫關於臺灣的風土、民情，同時也含括原住民的習俗。

1895 年，臺灣被割讓給日本，進入長達五十年的日治時期，日本人在臺灣建立學堂，並要求臺灣人使用日文。於此之際，全球文學浪潮 —— 新文學運動萌芽，日本本島進入以現代白話文寫作的大正文學時期，中國則有提倡白話文學的五四運動，新文學運動透過教育推廣進而影響臺灣。1920 年，臺灣文學界也進入新文學運動時期，臺灣作家張我軍在致力新文學運動的《臺灣民報》發表主張，認為應以白話文寫作，進而點燃新舊文學論戰。

政權轉移的噤聲期

臺灣文學的難處在於，臺灣長期受到殖民統治，不僅國家主權喪失，書寫系統也因此紛雜且斷裂。林淇瀁指出，在政治

上，臺灣是日本殖民地，臺灣人不得不使用日文；但在種族上，臺灣人起源自中國，卻不能使用中文，因此，一些左派的臺灣作家主張，新文學運動應以臺灣農工階級所使用的生活語言──臺灣話文書寫創作。

因此，在日治時期，臺灣文學書寫系統高達三種：日文、漢文和臺灣話文，其中仍以日文為大宗，漢文的使用居次。隨著第二次世界大戰開戰，日本政府正式廢除中文，在臺灣全面推行日文，新文學運動也因此進入「皇民文學」時期。

戰爭結束後，中華民國政府接收臺灣，臺灣結束長達五十年的日治時期，受日本教育的臺灣作家必須重新學習中文，影響了創作能量。緊接而來的二二八事件、白色恐怖，又讓不少文學作家、教育家、政治運動者和社會運動者成為政治的犧牲者。政權移轉，造成當時已成名的臺灣作家因為語文和政治關係無法發聲，臺灣文學隨之重挫。

「這時期的文學家被稱為『跨越語言的一代』，這些傑出的作家從日文轉換至中文寫作，約莫花了將近二十年的時間，以致於從1947年到1964年期間，這些臺灣文學家處於噤聲階段，」林淇瀁說，此時取而代之的是，隨著中華民國政府播遷來臺的外省作家及其反共文學。

1964年後，臺灣作家歷經書寫系統的轉換過程，也積極復振臺灣文學。臺灣文學作家吳濁流創辦《臺灣文藝》雜誌，詩人林亨泰和陳千武等人也創立《笠》詩刊，成為本土文學的發軔，是戰後臺灣文學作家集結的開始。此時，臺灣處在繁雜的國際局勢中，歷經中華民國退出聯合國後，臺灣的文學作家開始反思，臺灣的文學、文化，是否應該釘根、返歸在從小生長

的土地上?

1970年代臺灣文學作家掀起了鄉土文學論戰,試圖將外省作家對中國的懷鄉、反共文學,重新聚焦到以臺灣為主體的鄉土文學,不僅臺灣作家人才輩出,如黃春明、王禎和等,文化界也急遽轉變,雲門舞集的創立、以「唱自己的歌」為口號的校園民歌出現,反轉了以大中國為主的文化潮流。

在此之前,臺灣因為1951年至1965年接受美國經濟援助,西方文化帶來猛烈撞擊,臺灣文學融入西方盛行的存在主義和超現實主義,而有臺灣現代文學的產生,以白先勇為代表;他同時創辦了《現代文學》雜誌,成為現代主義作家的大本營。1970年後逐漸與鄉土文學整合,進而影響臺灣文學的走向,文學類型、主題比較西方主義,但同時著重審視臺灣本土問題,也更注重描述臺灣的土地、人和社會。

解嚴後的開放多元

臺灣文學名稱的真正確立則始於1983年。作家葉石濤開始撰寫《台灣文學史綱》,臺灣文學經過漫長的時間終於獲得正名,加之隨後臺灣解嚴、總統民選,臺灣之名獲得普遍認同,臺灣文學有了主體性,與中國文學不再是主從關係。

1987年臺灣解嚴後,社會開放又多元,文學創作不再局限於鄉土文學,有都市文學、原住民文學到女性主義文學等各類型書寫的出現,臺灣文學也進入多元開放的時代,直到網路時代崛起。

從移民、殖民、戒嚴到自由開放,臺灣文學的發展過程中,

臺語文的使用始終是爭論的主幹。1920年的新文學運動，帶來了臺語文學的曙光，但歷經戒嚴、白色恐怖時期，臺語文學發展幾乎中斷，直到1970年臺灣鄉土論戰再起，臺語文學才再度復興。

投身於臺語文創作的林淇瀁說：「1970年，當時以臺語書寫的作家寥寥無幾，得以發表的園地更少，但因為有『以臺語寫作我有正當性』的前提，即便沒有讀者、稿費支持，仍有作家願意嘗試各種發表的可能性。」

振興臺語文學

臺灣文學作家普遍認為，推廣臺語最好的方式是放進國家政策中，取得語言平權。2019年《國家語言發展法》公布，開宗明義就說，國家語言指的是臺灣固有族群使用的自然語言和臺灣手語，不論使用的人數多寡，臺語、客語、原住民族語言都不再是地方方言，而是國家語言。

《國家語言發展法》也落實在國民教育中，從孩童時期增加使用跟學習母語的能力，持續教育至高中，如此才能讓人具備使用母語聽說讀寫的能力。臺灣文學作家也認同，語言跟文化如果不透過書寫就無法留存，族群也注定要滅族。

因此，臺灣多元文化要能存續，就必須尊重不同族群的母語、族語，讓不同族群得以發展。但母語要能夠發展，除了政府政策，更要回歸到個人的使用，以及不同母語的文學創作有同等機會被出版。

另外，讀者的閱讀能力也必須提升，尤其是臺灣的臺語文

書寫系統非常多元，目前包含「全漢臺文」、「全羅臺文」和「漢羅臺文」等，每一種書寫方式有各自的優缺點，但不管何種書寫方式都要透過學習、教育才能達到普及。

「推廣母語不是一蹴可幾，但沒有讀者，卻會變成語言或文學發展的障礙，」臺北西區扶輪社臺灣文化獎委員會第六十一屆主委黃政枝認為：「早在移民時期就有許多優秀創作的臺語文學，因政治因素被壓抑多年，如今年輕世代許多人連臺語都不太會說，更難領略許多優美的文學創作，長此以往不利文學發展，臺灣文化獎特別頒發臺語文學獎的原因也在於此。」

臺灣文化獎評選臺語文學創作的標準，除了數量、素質，創作的美學條件必須足夠，也須具備推廣精神。因此，在臺灣文化獎評選出的臺語文學獲獎者，有因為大力推廣臺語得獎的方南強、楊青矗、李昇達，以及對臺語創作、研究有傑出表現或卓越貢獻的李勤岸、黃勁連、楊允言及陳明仁等。此外，也有專精於臺灣俗諺的陳主顯、評論文學的彭瑞金等。

臺灣的民主進程深刻影響臺灣文學的走向，大眾媒體的轉變亦然。林淇瀁就指出，臺灣出版市場蓬勃，且有不少報社存在的年代，作家可以透過在報紙副刊及文學雜誌的發表、書籍出版取得影響力，1980年代更是臺灣文學作家的黃金年代，出版作品甚至可以在市場占有優勢，暢銷作家非常多。然而，網路時代來臨，閱讀習慣及媒體生態改變，臺灣文學作品的能見度和影響力均大受影響。

如今，臺灣文學看似是小眾中的小眾，寫作看似是作家孤獨又漫長的獨行，但一如林淇瀁所言：「純文學不死，只是影響力大小而已。」

（文／黃翎翔）

李敏勇

以詩論政的詩人

以詩為力量，
針砭時事推展文藝

2004 臺灣文化獎
推廣臺灣本土語文研究

2024年，詩人李敏勇出版的《四季：李敏勇俳句集》中，「夏之卷」一開卷的「水花」俳句：「西北雨直直落／柏油路面／水之花」，彷若在為窗外六月天的氣候作注解。從天上狂妄潑下的雨瀑布，伴隨著肆無忌憚狂吼的悶雷，在詩人李敏勇帶我們走進他的書房，看著他攤開書法詩帖時，那直敲人心房的澎湃詩句和獨特墨色筆力，讓人恍如走進全然異次元的空間，完全隔絕於世俗、雷鳴之外。

李敏勇是從 2000 年開始，以書法為載體呈現詩作。當年是因為人本教育基金會需要募款，從來沒有練過字的他，仍以書法寫了一首〈國家〉的新詩，提供給基金會拍賣募款。沒想到，回響相當不錯，從那時起，李敏勇就買了一些筆墨，開始試著把他的詩或斷句寫成詩帖。

他謙稱：「我不練字，所以寫的字沒有篆書的勻稱，沒有隸書的蠶頭燕尾，沒有草書的鉤連快速，甚至也不像楷書字形方正，不重點、捺、撇、鉤、提、豎，甚至間距、字距和位置都不講究。」但他的字自成一格，帶些樸拙，字形隨心所至，以字作畫，宛如藝術品。

近年來，李敏勇對詩的推廣，也從「詩書」轉變為「詩帖」，在許多場館展出，包括二二八國家紀念館「死滅與再生」、國立臺灣文學館「時代的聲音」詩帖展、屏東演武場「山海出色」、慈林教育基金會「傷口的花，希望的樹」等詩帖展。透過書法二度創作，李敏勇將詩作變成藝術品展覽，再經過印刷變成詩帖文創品，試圖更貼近現代人的生活。

然而，看似優游自在於創作的他，其實仍心繫於國家、社

會時事。2022 年，李敏勇獲頒「行政院文化獎」，他致辭時即引述蘇聯時期流亡美國的詩人布洛斯基（Joseph Brodsky）所言：「詩人應當干涉政治，直到政治停止干涉詩。」表達願意透過文學的力量、透過文化運動持續推動國家、社會進步。以詩論政、論史，勇於開創臺灣詩壇新格局，正是各界對於李敏勇的高度肯定。

在此之前，李敏勇還曾榮獲「巫永福評論獎」、「吳濁流新詩獎」、「賴和文學獎」、臺北西區扶輪社的「臺灣文化獎」、「臺灣文學家牛津獎」、「國家文藝獎」等各種獎項，其著作除蘊含深厚的文學、美學素養，還具有強烈的社會情懷。

屏東的山、海養成了詩人

李敏勇是在有著多重歷史意義的 1947 年出生，彼時第二次世界大戰剛結束，世界強權國家勢力重整，被殖民國紛紛宣布獨立，大中華民族雖然獲得看似光榮的歷史勝利，卻在國共政權撕裂、中華民國政府播遷來臺，政經、文化整合的過程中，發生了至今仍是臺灣全民傷口的二二八事件。

雖然沒有遭遇戰爭動盪，在高雄旗山鎮出生的李敏勇，在背負父母的高度期待之下，小學一年級即隻身離家，前往父母的出生地屏東，一路從小學就讀至初中。沒有父母管束的李敏勇自由卻孤獨，獨自一人時他開始大量閱讀，德國文學《少年維特的煩惱》是當年最深的印象；不閱讀時，他便穿過屏東田野和圳溝，來到海邊，大自然成為他另一個校園，「我進入的第一個詩人養成學校，是屏東的田園、大武山，和屏東的海，」李

敏勇說。

「笠」詩社則是他的第二個詩人養成學校。1960年代「笠」詩社的中堅分子多是1920年代出生的詩人,例如詹冰、林亨泰、陳千武、錦連等,他們歷經臺灣文學白話文運動、臺灣鄉土文學論戰、日語文學階段,既在詩歌中找到精神寄託,大量書寫臺灣文學,同時也因為精通日語大量翻譯日本文學,為李敏勇等後輩鋪墊了文學沃土,進而促使李敏勇對世界文學產生好奇,透過翻譯學習世界文學,並受到當代世界詩人的影響。

李敏勇透過翻譯世界文學做精密閱讀,對於其他國家詩人寫什麼?怎麼寫?逐漸感到好奇。「詩人的創作牽涉到歷史文化

李敏勇以深厚的文學素養,榮獲第十一屆「國家文藝獎」的肯定。
(圖片提供/李敏勇)

與詩歌情境，」李敏勇說，例如創作《死亡賦格》著名詩作的猶太裔德國詩人策蘭（Paul Celan），視揭露人類歷史上最殘忍的納粹集中營罪行為職責，卻因為父母最終死在德國納粹營，自己卻以殺死父母的語言寫作，產生罪惡感，最終自殺。詩人的創作心境和所處的社會環境、文化密不可分。

長時間參與「笠」詩社並投注於翻譯世界文學，讓李敏勇對文學、文化背後的政治性，覺醒得比其他同時代詩人更徹底。「臺灣受到保守主義的影響，因此新詩一直無法取代傳統經典文學；再加上傳統經典文學的氛圍，對通行白話文有排斥性，所以新詩一直無法成為國民教養，」李敏勇解釋。

堅持詩的結構形式

李敏勇也積極推廣臺語，他有很多詩作從漢語翻成臺語，但並未改變自己的書寫形式，他從1968年第一本詩集創作《雲的語言》出版，包含詩集、散文、譯作、評論等文學作品，多以華語書寫。「我個人覺得，以臺語寫詩在文字上的拿捏較困難，無法達到我想要的完美『造型』，尤其臺語文從早期以漢字臺語為主，漸漸演變為漢羅合用及全羅馬拼音等三者通行。」

李敏勇也試過以漢字臺語創作，他認為書寫純漢詩或文言文時，使用漢字較沒有問題，只是有時找不到適當詞彙，但一旦進入白話文，多了更多口語、語助詞，很難與文字契合，對於極其講究詩詞結構及美感的他而言，較無法接受。

為了創新，現代詩人常不顧詩的節奏韻律，完全無格式結

構，流於華麗詞藻的堆疊，言不及義。但李敏勇認為好的作品，不論是詩或隨筆，語句都應該有它存在的條件，必須有意義，而非可有可無，甚至把某個語句拿掉對整篇文章結構沒有任何的影響，那就是贅語；同時，一個句子可以說明意義的，花四、五行去寫也不夠好。

詩注重個人情感流露，一般感受力強者也可達成，但詩人和一般人不同的是，詩人對於所想要追求、表現的主題必須決定以何種形式表現，且以此達成語句具有詩的性格，同時又言之有物。所以李敏勇認為，一個好的詩人，必須同時完成內容和形式，這也就是李敏勇所謂的「造型」。

雖然長期投注於華語創作臺灣詩歌，但李敏勇始終關注著母語的書寫，以及試圖探索詩歌展現在不同載體的適切性，以避免語、文疏離，他將臺語文學的創作力發展在歌曲、有聲書中。

除了以華語創作臺灣詩歌，李敏勇也關注母語的書寫，
探索詩歌在不同載體的適切性。

從 2000 年開始,李敏勇以書法為載體呈現詩作,
近年來他對詩的推廣,也從「詩書」轉變為「詩帖」,在許多場館展出。

1990年代，李敏勇便與上揚唱片出版了《一個台灣詩人的心聲告白》臺語有聲詩集；同時期他還與作曲家蕭泰然、李泰祥及在美國的石青如等多位作曲家合作，將約四十首詩作變為合唱曲，還曾獲「傳藝金曲獎」最佳作詞獎。

　　近二、三年開始，他與福爾摩沙合唱團、屏東室內合唱團合作，在國家音樂廳、屏東演藝廳和高雄衛武營國家藝術文化中心等三地舉辦音樂會，表演將近十五首他的創作，並且全程導聆，讓詩不僅躍然於書頁之間，同時也透過旋律與音符，進入心中。

　　2000年即展開的詩帖創作，除了以藝術品的形式巡迴全臺展覽之外，偶爾李敏勇的詩帖也會捐給社運團體拍賣以籌募資金。他認為，讀詩應該就像平常生活中喝水、喝茶、喝咖啡或酒，任何身分、任何職業的人都可以讀，都愛讀。所以，李敏勇在女兒出嫁時，把以往有關女兒的詩作，以詩帖著作成小書，取代喜帖並當做參與婚禮的親友賀禮，把詩句與書法結合再創的美，落實在生活中。

　　1987年至2007年之間，白秋期的李敏勇把人生三分之一的時間給了上班，三分之一的時間奉獻給寫作，剩下的三分之一的時間積極參與社會公共事務。如今，他逐漸邁入玄冬期，拋卻了人生三分之一法，他想回到「一個人的文化運動」，回歸詩人的身分，專心地寫詩、翻譯詩、寫評論、發表文章、演講，更專注地擔任「詩的信使」。

（文／黃翎翔）

彭瑞金

臺灣文學系重要推手

透過評論
讓筆耕一輩子的
作家被看見

2007
臺灣文化獎
評論文學獎

2024年盛夏，彭瑞金老師家裡的客廳桌上，擺著第130期的《文學台灣》，這本由他擔任主編的刊物，自1991年創刊起，便肩負臺灣文學本土化的重任匍匐前行，三十多年來始終是臺灣文藝創作者作品發表的重要園地。

早在1982年，彭瑞金即與葉石濤、鄭烱明、陳坤崙、曾貴海等高雄文友創辦《文學界》雜誌，刊物發行雖僅七年，卻成就「臺灣文學史料出土」的重大功績。回顧其過往人生，冥冥中似乎是命運之神的牽引，帶領他走上這條不一樣的文學之路。

從鍾理和作品得到啟蒙

彭瑞金是出生新竹北埔的農家子弟，在那個物質、文學都匱乏的年代，他就對閱讀充滿熱情，每期的漫畫週刊都不會錯過，課堂上老師的鄉音太重「鴨子聽雷」時，便乾脆在位子上讀起各種小說。

「那時候一顆雞蛋大概是一塊錢，我就捨得把存下來的零用錢，拿去買一本大約十九到二十二元的紅樓夢、三國演義，廢寢忘食地讀。」就這樣，彭瑞金在初中階段就讀完中國重要的經典小說。

圖書館是彭瑞金求學階段最愛去的地方，午休時間他會躲在裡面翻閱報紙。初中時，彭瑞金在報紙上看到文學大師鍾理和過世的相關新聞與作品介紹，深刻感受這樣的文學作品與過去所讀過的作品如此之不同，當下有種被「閃電擊中」的感動，深刻體悟文學應與大地、大眾的生命連結，這也成為彭瑞金最早的文學啟蒙。

初中畢業,彭瑞金就讀竹東高中,相較於新竹高中學業競爭沒那麼激烈,他更有餘裕徜徉浩瀚文學海。他回憶說:「現在想起來也覺得奇怪,當時學校的圖書館竟有一整套柏楊、李敖等人的書籍。」這些當年被視為「雜書」的書籍,打開了彭瑞金另一個視野,書裡探討的議題是老師課堂上不會教的。透過閱讀,他得以建立更廣大的眼界。

獲鍾肇政賞識踏進文學界

喜愛文學的彭瑞金,大學進到高雄師範大學國文學系就讀,面對教授一味推崇文言文甚感困惑。他說:「文言文的文字再美,也與現代人的生活有距離,我們不會用那樣的語言來溝通和表達。」為了滿足對文學的渴求,研讀國學課程之餘,彭瑞金大量閱讀翻譯小說,他發現即便是透過翻譯的文字,內容還是能打動讀者。

大三那年,彭瑞金修習文學批評這門課,老師授課時以「詞」為主要內容,要求學生分組研究寫報告。和他同組一位同學因為與鍾肇政是舊同事,便自告奮勇去借他的著作,再交由彭瑞金負責閱讀、撰寫報告。

「閱讀過程勾起了初中讀到鍾理和作品時,那種強烈的感受,驅使我動筆把鍾老的文學特色書寫下來,」彭瑞金提起這段往事仍覺慶幸,因為這樣的機緣改變了他的一生。

原來,這篇心得報告後來被刊登在學校系刊,同學還書時連同系刊一起交給鍾肇政,沒想到鍾肇政看完竟立刻寫信給彭瑞金,要他務必抽空相見。彭瑞金趁著寒假返鄉前往拜會鍾肇

政,前輩鼓勵他將文章稍加修改,投稿到《台灣文藝》,接著又將文章刊登到《台灣日報》。彭瑞金笑著說:「這篇文章刊登到《台灣日報》後,我領到了人生第一筆稿費。」

在鍾肇政的引見下,彭瑞金結識了當代臺灣文藝的精英,像是葉石濤、鍾鐵民、李喬等人,就這樣一腳踏進臺灣文學圈,其後並陸續完成《葉石濤評傳》與《鍾理和傳》等重要著作。

一生致力臺灣文學評論

離開學校後,彭瑞金曾在恆春、前鎮、左營等高中任教,在鍾肇政主持《台灣文藝》時,在每期的刊物中介紹一位臺灣作家。「《台灣文藝》是雙月刊,我等於是兩個月就要研究一位作家的生平和作品,這樣的訓練比研究所碩、博士班的研究都精實。」

(左)彭瑞金(右)積極推廣臺灣文學,於2008年獲頒高雄文藝獎殊榮。(圖片提供／彭瑞金)

(右)鍾肇政主持《台灣文藝》時,彭瑞金必須在每期刊物中介紹一位臺灣作家,因此每位作家的生平與作品,他都扎實地做了深入研究。(圖片提供／彭瑞金)

隨後,《民眾日報》副刊也在鍾肇政的主導下推出每月評論,由彭瑞金與葉石濤針對當月刊登的小說進行對談,再書寫發表。彭瑞金笑著說:「那個時候白天在學校教書,晚上要做這許多工作,如果不是年輕體力好,還真是吃不消。」

被譽為當代重要的臺灣文學評論家,彭瑞金有感而發地說,撰寫這些文學評論,靠的是從小大量閱讀建立的養分,而非單純學校所學,他認為中國文學教育系統著重在文字的技巧、藝術與運用,這些在撰寫臺灣文學或鄉土文學的評論時根本用不上。

彭瑞金強調,自己一生致力臺灣文學評論,目的是希望讓臺灣文學作者多被看見,「很多筆耕不輟的老作家,一生默默無聞,」彭瑞金不僅希望透過他的評論,讓這些作品被討論、被閱讀,更希望透過評論為臺灣老作家「討公道」。從他目前擔任李榮春文學推廣協會理事長一職,不難看出彭瑞金任重道遠的使命感。

(左)彭瑞金(前排左一)與眾多知名臺灣文學創作者與研究者,共同參與《文學台灣》雜誌的發行。(圖片提供/文學台灣基金會)

(右)彭瑞金(前排左一)於臺灣文學館參與台灣大河小說家作品學術研討會。(圖片提供/文學台灣基金會)

彭瑞金在大學時代就對國文學系的刻板教育反感，更察覺臺灣人普遍缺乏國家主體性的認知，深知國民教育變革之重要，於是投入推動教科書改革。

成立臺文系的幕後推手

當時，彭瑞金提出沉痛質問：「國立編譯館放入教科書裡的文章，平均是八百年前的作品，難道中華民國來到臺灣五十年間（當年是 1995 年），沒有一位作家的作品值得放進教科書給學子閱讀嗎？」

在有志之士積極爭取下，國立編譯館終於逐步釋出編輯權，開放民間出版社編輯教科書。

然而，當教科書裡放入臺灣文學作品後，隨即產生另一個問題，那就是受中國文學教育體系養成的老師，竟不知道如何教這些作品（或說是抗拒教這些作品），於是文學界與教育界發出了「成立臺文系」的呼聲，希望透過大學臺文系培養臺文教學師資，並且很快獲得回響，畢竟「臺灣有五十七個中文系，卻沒有臺灣文學系實在說不過去。」

彭瑞金在內的臺灣文學界積極爭取下，1997 年真理大學的前身淡水工商管理學院成立全國第一個臺灣文學系，彭瑞金於 1999 年獲聘任教，2002 年 2 月轉至靜宜大學，加入該校臺文系籌備委員會，從課程架構的討論、設計到師資培養等，一步步規劃。

2003 年靜宜大學臺灣文學系成立，彭瑞金擔任該系教授至 2018 年退休。

從二十多歲為臺灣文學主體性奮鬥至今,
彭瑞金用五十年的努力證明,文學能實現一個知識人的理想。

臺灣在建構文學主體性的過程，始終有語言的論戰，彭瑞金說：「臺灣這塊土地有閩南語、漢語、客家語、原住民語及日語，如果要將這些語言文字化為文學語言，恐怕至少需要三十至五十年時間，但文學前進的腳步不能停下來，」因此，他主張臺灣文學應該跨越語言的爭議，包容各族群與語言，發展出「只要生活在這裡的每個人都看得懂」的臺灣文學語言。

透過文學實踐知識人的理想

　　相較過去那個衝撞體制、建構臺灣文學主體性的年代，現代的文藝創作環境已然不同，彭瑞金語重心長地說：「也許環境不一樣了，但臺灣這塊土地的認同，仍應是每個文人最重要的核心價值，如果不認同這塊土地，就會始終存在漂泊、流亡的心境，不僅可憐，也難寫出引發共鳴的感人文學。」

　　從二十幾歲就為臺灣文學主體性奮鬥至今，七十七歲的彭瑞金衷心期望：「臺灣新世代能進入正常社會的文藝軌道，並且蓬勃發展。」

　　當年他大學選讀文學，對於「讀文學要做什麼？」這樣的大哉問，彭瑞金用五十年歲月的努力向大家證明，「透過文學能實現一個知識人的理想」。

　　或許，現在已經不是「戰鬥的年代」，但每個年代的文人都有他們的責任，誰都不能坐享其成，否則時間過去，你也將如過客不留絲毫痕跡。

（文／顏怡今）

李勤岸

竭力推廣臺語文的熱血鬥士

七十多歲
還用AI創作臺語詩

2011
臺灣文化獎
臺語文學貢獻獎

即便退休六年了,夏威夷大學語言學博士、臺語改革進化史上關鍵人物之一的李勤岸,依然退而不休、與時俱進,一說起臺語文學的推廣,宛如回到年輕時走上街頭,投身社會運動般熱血奔騰。「AI 時代來臨,就要跟著時代走,才有辦法生存,因為語言是活的,一直在變化,」李勤岸親身實踐,甚至訓練人工智慧聊天程式 ChatGPT 的臺語文能力,每天以臺語文書寫對話。

　　他教 ChatGPT 寫臺語文、讀臺語詩,再讓 ChatGPT 寫臺語詩,經修改後再上傳給 AI 讀,如此反覆訓練,持續一年後,已累積了一本書預計出版,書名就叫做《AI 愛寫台語詩》,裡面集結了 AI 所寫出來的七十首詩。已七十多歲的李勤岸不僅創作不輟,還運用數位科技,持續推廣臺語文,完全無懼 AI 帶來的巨大改變,一如他的一生始終勇於挑戰。

自己賺錢唸書,學業屢次中斷

　　「我家從小就「散赤」(臺語,意貧窮),父母和兩個哥哥都沒有讀書,都是「作穡人」(臺語,意農夫),我因為手腳「頇顢」(臺語,意笨拙),不擅作穡,反而成為家中唯一接受教育的人。」李勤岸生活日常貫徹使用臺語文,包括受訪時也全程說臺語。

　　很多人認為,一個人的作為跟家庭、環境,甚至基因有關,但李勤岸並不認同,至少對他而言不是如此。

　　李勤岸出生在臺南新化,出版了無數的散文和詩集;拿到美國奧克拉荷馬市大學英語教學碩士學位。為了臺語文推廣,

再前往夏威夷大學攻讀語言學，取得碩、博士學位。如此優秀的資歷，讓人容易推斷，他的養分來自於家庭教育與環境養成。

事實卻是，李勤岸三十五歲才取得碩士學位，五十歲取得博士學位，求學的時間軸斷斷續續，因為在斷、續之間，他必須求職賺學費。

李勤岸依稀記得，父親東拼西湊學費才勉強讓他完成初中學業。高中畢業後，李勤岸立志考上可以減免學費的師範大學，未料考試失利，僅考上私立大學，他當下決定先入伍當兵。退伍後，又當了三年的銷售員賺學費，才再報考大學。

選填志願時他填了東海大學中文系，以為可以沉浸文學世界。未料，當年的老師教學、思想非常保守，李勤岸難以忍受，迫不得已轉到外文系就讀，桎梏思想卻意外獲得解放。外文系課程設計活潑，可以暢所欲言，抒發己見，他寫詩的能力大爆發，並加入「後浪詩社」，在校內組成寫作協會。

走上社會運動家之路

大學畢業後，李勤岸教了十年的書，先賺足學費才前往美國奧克拉荷馬市大學攻讀英語教學碩士學位。回臺後，他進入中山大學外文系任教，隔年 1987 年卻因為反對教官干涉校務、監視學生，要求教官退出校園，遭學校解聘。李勤岸走上街頭抗議，並在同年發起「教師人權促進會」。此後兩年間，他一方面兼課維持生計，一方面積極參與社會運動。

1991 年是李勤岸投入社會運動三年之後，語言覺醒的關鍵

1987年李勤岸走上街頭爭取教師人權，同年還發起「教師人權促進會」，此後兩年間他兼課維持生計之外，也積極參與社會運動。（圖片提供／謝三泰）

時間。

　　四十歲之前，李勤岸雖然寫詩，使用的是「華語」文，並沒有語言意識。直到有一次臺灣筆會在高雄勞工公園舉辦一場演講，李勤岸以華語文寫了一首詩《解嚴以後》，準備上台朗讀，可是當他站上講台後卻發現，無法把這首以華語書寫的詩翻成臺語朗誦，唸得結結巴巴的。李勤岸出生在南部的農村，臺語理所當然應該是他的第一語言，當下，他無比羞愧，也產生了以臺語文來創作的意識。

　　四十歲的語言覺醒，讓李勤岸下定決心要攻讀語言學，並投入語言復興運動。他花了長達十年的時間，於夏威夷大學修習語言學碩士和博士，甚至賣房換學費，等到取得博士學位時已五十歲了。

　　「臺灣很多詩人都很早慧，但我不是，」李勤岸在四十歲以前曾以華語文創作《黑臉》、《唯情是岸》、《一等國民三字經》等三本詩集，在他決心以臺語文創作後，精選了這三本詩集的詩作，重新譯成臺語文，並以華語文對照，書名就取為《晏熟的早春》，不僅象徵他寫詩的起點比別人晚，就連臺語文的覺醒也比別人落後。

　　此後，李勤岸翻譯國外的作品和寫論文，採用的都是漢文和羅馬拼音混用的「漢羅臺語文」，主要名詞、動詞、副詞等實詞多數以漢文書寫，但 kā、ê 等虛詞採羅馬字拼音。

　　漢羅臺語文並不是李勤岸的主張，最先提倡漢羅臺語文的是臺灣第一個臺語語言學家王育德以及語言學博士鄭良偉，但李勤岸很認同漢羅臺語文的使用，當然也有人主張全部使用羅

馬拼音，或者全然使用臺語漢字。

　　李勤岸分析，其實早在巴比倫帝國時代，人們就習慣以拼音文字和象形文字兩種混寫。中國歷史中，滿洲人占領中國建立大清帝國，初期的文獻也是滿漢混寫，把傳統原有的文字混合殖民屬國的文字。所以，臺語文有這樣的現象實屬正常，不僅顯示後殖民現象，同時也最能反映現代政治現象。

　　不過，目前也擔任國民教育臺語文教科書總編輯的李勤岸，在編輯國民小學、中學和高中的臺語文課本，在國中課本後半部附上的卻是全羅臺語文。李勤岸解釋，課本之所以使用全羅臺語文是因為教育的對象是下一代，而全羅臺語文會是以後的語文趨勢，新一代要使用的語言，最起碼要讓他們可以接受全羅臺語文，不要排斥。

　　「因為拼音文字是世界潮流，是不可逆的趨勢，」李勤岸進一步解釋，綜觀全球語文的發展，幾乎都已走向拼音文字，雖然目前臺語文作家書寫方式，多數仍是以漢羅臺語文為主，但這終究只是一個過渡時期。

不走意識形態老路推廣臺語文

　　李勤岸說：「推廣臺語文，就是希望我們後世子孫可以使用臺語母語，來書寫我們的文學，臺灣失去臺語母語僅一百年左右，與其他國家相較，並沒有資格說放棄。」

　　語言也有動物性，強勢語言會吞噬弱小語言，弱肉強食影響語言生態，全球語言學家都振臂高呼，下個世紀的世界語言

只會剩下一千種左右,語言若單一化,缺乏多樣性,將造成文化缺乏多樣性,所以需要保護弱勢語言,而語言要能存續,必須要該族群有超過百分之七十五的人使用,拼音文字可以解決不同語言要轉化成漢字的困境。

不只語言要有多樣性,推廣方式也要多樣性。李勤岸長久從事臺語推廣運動,堅決表示不能步上早期推廣「說國語」時的想法和意識形態,例如不說臺語就不是臺灣人、不愛臺灣,這樣已經行不通了。

身為作家的李勤岸用詩、散文、寫作來推廣,他不諱言要擴大影響力,就不能單打獨鬥,而且要和現代生活結合,要藝

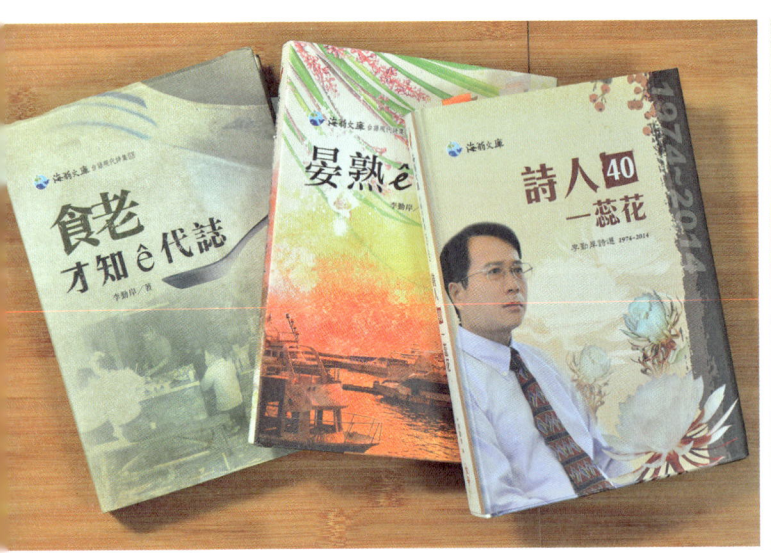

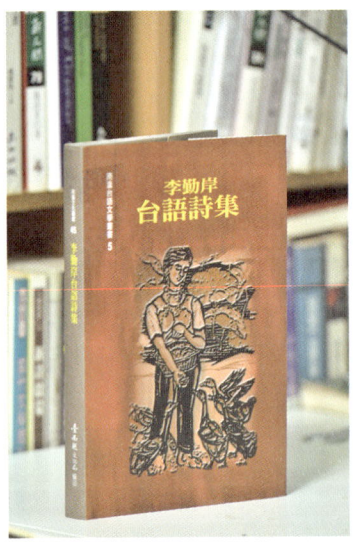

（左）李勤岸於四十歲之後語言覺醒,攻讀語言學並投入語言復興運動,以臺語文創作,並出版與翻譯臺語現代詩集。
（右）李勤岸致力推廣臺語文學之美,但反對以意識形態的方式強加於人。

術化、跨界，就像他和畫家顏聖哲合作，把畫與詩結合做成詩畫，藉由展覽接觸更多的人群；他也和獲得 2022 年金曲最佳新人獎的樂團珂拉琪合作，協助校正臺語歌詞使用的正確性，重新讓〈這該死的拘執佮愛〉、〈葬予規路火烌猶在〉歌曲上架，間接助珂拉琪的歌曲成為線上遊戲「九日」的主題曲。

即便退休了，他仍然堅持創作，針對以母語創作的世界知名文學家，例如紫式部、但丁，把他們的作品翻譯成臺語文，期望成立一套有系統的「世界母語文學開基祖」系列書籍，讓臺語文創作接軌國際，展現更多元的文學性。

「我的希望是不同族群都可保留自己的語言，維護語言的多樣性，各個語族文化也才能延續，」李勤岸說。

英國花了四百年擺脫被殖民說法語的時代，愛爾蘭在使用英語七百年之後仍嘗試復興蓋爾語。語言的復甦艱辛又費時，如果沒有人堅持理想，語言復振運動是不可能成功的，而李勤岸即是那無論時光流轉、歲月更迭，依然為復振臺語文努力不懈的熱血鬥士。

（文／黃翎翔）

楊允言

臺語文數位資源整理者

盡畢生所學讓臺語文接軌智慧科技

2011 臺灣文化獎
臺語文學貢獻獎

雖然早在 1950 年，人工智慧之父圖靈（Alan Turing）就發表了極具開創性的論文《計算機與智慧》，在論文中他提出了機器思考的可能性，為「人工智慧」一語開了先河，但時至今日，人工智慧熱潮才席捲全球，逐漸與人們的生活緊密結合。

人工智慧成功的前提是，必須仰賴大量資料庫做為基礎，而於 2011 年獲得臺北西區扶輪社第五十六屆臺灣文化獎之臺語文學貢獻獎的楊允言，畢生致力於臺語文學的推廣及教學，投注的方式正是為智慧化學習扎根。

一心找回失去的母語

有別於其他臺語文學推廣者的學習領域，楊允言專攻的其實是資訊工程，乍聽之下和語言、文學沒什麼關聯，他也坦言，臺灣一般資訊工程專攻硬體、軟體、程式設計、網路、動畫等熱門領域，確實少有語言分析，自己偏偏對於以資訊工程專業處理臺語文感到興趣。

「我希望將自己的專業領域和臺語文結合，為臺語文的研究建立好基礎資料庫、語料庫及臺語文記憶庫等，在人工智慧浪潮來臨時，可以讓臺語文的傳承日新月異，得以接觸更多新生代。」隨著數位科技的進步迄今仍不斷優化資料庫，並致力於臺語文教學教育的楊允言，指出了自己的理想目標。

何以投入這麼冷門的領域？楊允言說，得從他小時候一度失去說臺語能力開始講起。

1966年，楊允言出生在臺北縣三重市（現改制為新北市三重區），是個以說臺語為主的環境，但他四歲時，全家搬到臺北市定居，由於周遭的小朋友都說「國語」，尤其是接受國民教育後，還被禁止講臺語，讓楊允言慢慢失去說臺語的能力，華語漸漸取代了母語。

那時的臺灣已經經歷了長期的戒嚴，臺灣意識逐漸成為主流社會的伏流，僅能在黑暗角落偷偷摸摸地進行，多數人在長時間的噤聲中，潛移默化地被洗去臺灣意識，漸漸地連自己的母語也不會說了，楊允言即是如此。

直到1984年，他考上臺大資訊系，大二時向父母詢問二二八事件的過程中，深刻感受到即便事件已經發生三十九年，父母的情緒依然激動氣憤，恍如事件發生在昨日，讓從小就是乖乖牌、鮮少參與黨外運動的楊允言深感震撼。

從那時起，楊允言開始慢慢接觸各種黨外運動與演講，也才深刻警覺：「文化是要靠自己保存，而且母語在傳承的過程中若沒有文字，也會慢慢地衰弱和流失。」因此，楊允言在專業領域之外，開始強迫自己書寫臺語文。

串聯大學臺語文社團

剛開始楊允言土法煉鋼，以擷取漢字、注音符號、KK音標、日文平假名與片假名等方式，拼湊撰寫出臺語文，並積極參與各種寫作。

等到他大三升大四時，臺灣結束了長達三十八年的戒嚴時

期，他開始積極促成臺大掌中劇團的成立，期望藉由臺語文撰寫劇本，推廣母語，同時也經由臺灣歌仔學會王振義的建議，開始學習教會的羅馬拼音臺語文書寫系統（又稱為白話字）。

楊允言會以資訊工程的專業推廣臺語文，起因在大四時，中央研究院資訊科學研究所研究員陳克健在臺大資訊系開設自然語言處理課程，教授以電腦處理英文的方法與技術，期望招募助理來參與以資訊技術處理中文的研究課題。此舉引起對推廣臺語文有極度熱情的楊允言的高度興趣，不僅在課堂間積極參與，在大學畢業且當兵退伍後，他進入中央研究院中文詞知識庫小組（簡稱詞庫小組）擔任陳克健的計畫助理，協助建立中文

楊允言（右一）印象深刻的是，
2015年6月他在葉石濤紀念館演講時的主題是談白話字文學，
當時一位美籍聽者以臺語向他提出問題。（圖片提供／楊允言）

語料庫,並開發相關分析工具。

　　後來,詞庫小組擴大規模,陸續完成中文平衡語料庫及相關分析工具,透過各種標記後,讓人得以方便快速搜索到所需要的資訊。他估算透過這些資源,每年約支援三十位碩博士生採集資訊、分析題材,進而完成論文撰寫與發表等,對於語言研究工作非常有助益。

　　當時,臺語文書寫並不一致、可搜尋的相關網路資料庫非常少,楊允言一邊儲備建立中文資料庫的經驗,一邊繼續在清華大學攻讀資訊科學碩士。在此期間,他先和清大與交大兩校臺灣研究社內志同道合的社員組成讀書會,定期聚會讀臺語文作品,接著一起籌組成立跨校際的臺灣語文促進會,串聯全臺大學臺語文社團,並發行刊物《台語學生》,一個月出刊三期,

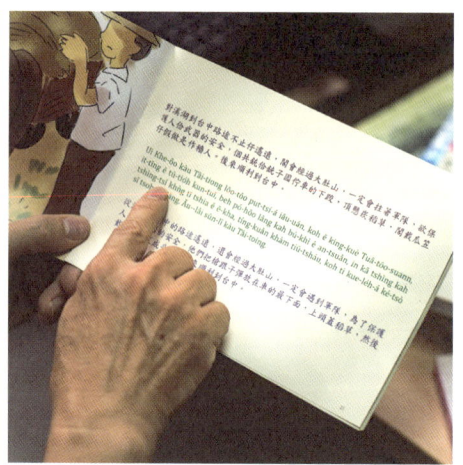

(左) 楊允言擔任教職之餘,也持續發表臺語文研究論文、創作、翻寫與評論。
(右) 於大學時期楊允言開始學習教會的羅馬拼音臺語文書寫系統,又稱為白話字。

累積了大學生創作臺語文的量能。

取得碩士學位後,他依然執著於臺語文推廣,與臺灣語文促進會的夥伴聯手,針對臺語文推廣前輩進行長達半年的訪談,統籌出版了《台語這條路——台文工作者訪談錄》一書。

但即便他從臺語覺醒之後,持續於《台文罔報》、《自立晚報》、《台文通訊》、《台文BONG報》等發表臺語文學創作,楊允言仍謙稱:「不覺得自己是多厲害的作家,臺語能力也沒有很好,所以後來就試著做翻譯,主要將華文、英文等小說翻譯為臺語文。」

他陸續翻譯了包含姚嘉文原著的《黑水溝》、《藍海夢》,宋澤萊的《岬角上的新娘》(臺譯為海鼻新娘),李雙澤的《終戰の賠償》,愛德華茲(Amelia B. Edwards)的《鬼仔馬車》(*The Phantom Coach*)等,為臺語文學鋪墊沃土。

為臺語文人工智慧發展做好準備

「推廣臺語文,我是當做社會運動在進行,」楊允言說自己一邊擔任教職、一邊攻讀學位,每年還持續發表臺語文研究論文,也創作、翻寫與評論。

更重要的是,他在1999年任教於大漢技術學院資訊工程系時,以多年來積累的中文資料庫經驗,開始專攻臺語文語料資料庫,開始開發一系列包含線上辭典、語詞檢索系統、臺語數位資料庫等,有利於日後臺語文在網路上的搜尋、發展和運用。

甚至於在2004年至2009年間,在臺灣大學資訊工程研究

運用資訊專業，楊允言於 1999 年起開始建構臺語文語料資料庫，時至今日，他建立至少二萬多條的臺語字典、六萬多條的臺語華語辭典等成果，便於網路查詢。

所攻讀博士學位時,他選擇了有幾位教授擔心可能會畢不了業的研究主題──臺語文的電腦處理技術,從人工智慧和語言學領域,對臺語文處理方式做較深入的討論,期望透過探討如何處理和運用臺語的研究,有助於日後臺語文在人工智慧科技中能從自然語言的理解,進而轉向自然語言生成,例如現正當紅的 ChatGPT、OpenAI Playground 等程式,有助於一般人撰寫、認識臺語文學,並為臺語文人工智慧發展做準備。

時至今日,楊允言建立至少兩萬多條的臺語字典、六萬多條的臺語華語辭典、九百多萬音節的臺語文語料庫、兩千多篇的臺語文數位典藏資料庫、一千多份書刊的臺語文記憶庫等,提供對臺語文有興趣者免費使用。而這些網路資源,平均每日有上萬次的查詢和運用,大幅提升臺語文的推廣級距。＊注

但楊允言也不諱言,這些資料庫的數量對強勢語言而言仍是小巫見大巫,要發展人工智慧仍需要有更多、更好的資料供應才得以生成。不過,他也認為:「網路與科技雖會讓新世代感覺新奇,引起他們的學習興趣,可是畢竟吸引力能持續多久,沒有人能夠預測。而且,即便科技能幫助臺語文保存下來,但其使用的主動權仍是來自於人本身。」

楊允言語重心長地說:「保存並不表示它可以活下來。」科技始終是輔助,臺語文唯有在生活中被實際說、讀、寫,才能長久恆在。

(文／黃翎翔)

注:舊系統因為資安疑慮,目前暫被禁止連線,未來將由「ChhoeTaigi 台語辭典」開發者吳家銘協助重新修改後上線。

第六部

教育

百餘年來，臺灣教育體制經過數次變革，
每一次都在回應當下的社會樣貌；
一九八七年臺灣解嚴邁向民主化後，
教育體制更是大幅改革，
單一的文化思維受到考驗，多元、多樣化成為主流趨勢。

大時代動盪下的體制巨變

未來的教育需要兼顧國際視野與本土認同，
培養學生在全球化時代中開放的學習心態，
並在應用科技時不忘人文精神與文化內涵。

——孫大川　東華大學原住民民族學院榮譽教授

　　教育是一條承先啟後的道路，不僅是課堂上與書本中的知識傳遞，更由此形塑社會共同價值觀、建立國族文化認同。在時代變遷的洪流中，臺灣教育的發展，是從歷史的多重考驗中逐步孕育而成，教育體制百餘年來經過數次變革，反映了每個時代變遷，不同階段的教育政策都在回應當下的社會文化樣貌，並對各個族群產生了深遠影響。

日治教育弭平原、漢差異

　　但論述臺灣教育之前，必須先定位臺灣在歷史地理上的特殊性。曾任原住民族委員會主委、監察院副院長，現為東華大學原住民民族學院榮譽教授孫大川一生作育英才無數，依其見解，臺灣雖歷經荷蘭人、西班牙人、日本人的統治，但和其他

被歐洲徹底殖民的國家完全不同。臺灣四百年來一直是個漢人移墾的社會，未能擺脫傳統書院、各地民間私塾，以及八股科舉制度影響，離現代教育體系尚有一大段差距。

「臺灣開始受近代教育啟蒙，真正實施普及化西式教育，始自日本統治時期，」孫大川指出，日本人在1895年占領臺灣後，開始建立殖民地教育制度，雖然目的是為了培養能夠服從殖民統治的臺灣人民，以其國家利益為主導，推動以日語為主的教育體制，強調語言同化與文化滲透，但也帶來了現代化的教育體系，使臺灣人民接觸到現代學科知識。

日本總督府在士林惠濟宮設立第一所「國語傳習所」，即今日士林國小的前身，是日治時代臺灣教育的發源地。1898年，國語傳習所改名為「公學校」（相當於現在的小學），專供臺灣人就讀，以和日本人子弟的「小學校」有所區別。

「六年制的公學校，主要有修身、國語、作文、讀書、習字和算術等科目，」孫大川指出，「國語」教育在同化政策下自是以日語教育為主軸，但如果仔細去看，其教材卻選用了《三字經》、《論語》、《中庸》等漢文教材，顯見日本同樣在漢字文化圈的背景下，意識形態深受儒家影響，「因此，當時的教育內容所傳遞的價值觀，大體上和臺灣原本的漢人思想是能夠互通的。」

再者，為使原住民能歸順日本政府，總督府積極推動理蕃政策，相當重視對原住民的教化，大幅提升了原住民兒童的就學率。存在於1908年至1945年間的「蕃童教育所」，學校老師全由當地警察兼任，實質上為治安管制，卻也為部落點起了教育火種。平地的一般行政區亦有「蕃人公學校」，兩者皆由官方

出資，免費讓原住民兒童入學。

孫大川認為，對原住民來說，當時的教育除了可以學習和日本人、漢人溝通的主流語言，更珍貴的意義在於，日本殖民政府做為統治、仲裁的第三方，它創造了一個原、漢相對平等的狀態。

日治後期，隨著全臺各地兒童就學率逐漸提高，總督府認為全面實施義務教育的時機已然成熟，便於 1939 年制定《義務教育實施要綱》，1941 年廢除「公學校」、「小學校」，一併改稱「國民學校」，1943 年正式實施六年國民義務教育。至 1943 年底，全臺共有逾一千所國民學校，兒童的義務教育普及率達百分之七十一，在全亞洲僅次於日本，已達先進國家水平。

日本統治臺灣的這段期間，在殖民管控下，教育體制強調階級、分化，然而在初級教育方面，由於國民教育的普及，消除了文盲，也提高人民素質。「日治時期最值得一書的貢獻，就是實施了國民義務教育，」孫大川強調，「現代教育使人民開始有新的世界觀，與現代知識接軌。」

戒嚴體制下的教育

1945 年臺灣光復後，中華民國政府接管臺灣，教育政策強調國族認同的重建，在日治時期的基礎上，延續國小階段的六年義務教育。

此後，政府有感於教育對國家建設的重要性，自 1968 年起，正式實施九年國民義務教育，將國民中學階段的三年納入國民

教育，成為臺灣教育發展的里程碑，義務教育的普及大幅提高了臺灣的識字率和教育水準。

此時期的重大變革，在於1946年頒布「臺灣省各級學校學制標準」，全面改用國語授課。隨著戰後大規模的國語推廣運動，臺灣的教育體制進一步壓抑本土語言，以「國語」做為唯一合法的官方語言。學校裡講臺語、客語、原住民語等本土語言的學生，甚至會面臨懲罰。

威權時期強勢推行國語教育的高壓政策，日後引發不同觀點的論述，多數評論主張這種政策不僅影響本土語言的傳承，也對臺灣多元文化造成了長期壓力。臺北西區扶輪社臺灣文化獎委員會第四十一、五十一及五十七屆主委林經甫表示，早年社內便有感於在那樣的時空環境下，很多臺灣傳統文化恐將消失，這才設立了臺灣文化獎，「希望讓這些珍貴的文化可以傳承下來。」

孫大川則提出他的思辨角度，認為共同語言的推展，確實對不同族群展開對話大有裨益。當時國民政府以臺灣做為據點，背負「反共抗俄」、「收復河山」等國家意志，在這樣的背景之下，國安型態深刻影響了教育軸線，「在這種危機意識下，國民政府的同化政策強度比日本政府還要更高，必須緊緊抓住臺灣這最後一根稻草。」

因此，在那個年代無論是歷史教育、語言教育，都是放在中國史的框架底下論述，藉由教育塑造臺灣成為中國文化的延伸，進一步鞏固中華民族的認同，也讓此一時期的教育帶有高度的政治意涵。

隨著 1987 年臺灣解嚴，進入民主化時期，褪去了黨國色彩，教育政策開始鬆綁，教育體制也隨之展開大幅度的改革。

解嚴後帶動多元文化教育

最顯而易見的，就是教育政策不再僅局限於單一文化的思考路徑，而是開始重視多元文化教育，尊重社會的多樣性。

民主化進程使得本土文化得以重新抬頭，本土語言復興運動也逐漸展開，並重新引入校園，逐漸成為必修課程，這也提升了臺灣學生對自身文化的認同感。

臺北西區扶輪社臺灣文化獎委員會第六十六屆主委王政修強調，在這段本土文化再掀熱潮的時期，臺北西區扶輪社也持續透過臺灣文化獎的專業評選，舉薦透過教育從事文化傳承的對象，「透過獎勵做為誘因，可以讓更多人有動機共同來維護臺灣文化。」

像是培訓臺語師資、教授臺語課程、編寫臺語教材的吳秀麗，因推廣臺語文化獲獎；胡淑賢早於 1970 年代即推動鄉土教學方法、推動地方文化扎根，成為中部海線地區重要的文化啟蒙者；還有深掘荷蘭時期臺灣史的學者江樹生、對建立臺灣美術史深具貢獻的蕭瓊瑞等人。

原住民族的教育亦是臺北西區扶輪社關注的面向，1999 年頒發「原住民文化獎」給長年投身原民教育的童春發，2013 年以「原住民音樂創作獎」肯定多媒材創作的董昭民，2021 年更設立「樂舞育才貢獻」、「部落文化復振」、「文化學術研究」和

「服務貢獻」四大類別，表揚投身其中的懷劭・法努司、偕萬來、潘金榮、林明福、鄭光博和王國慶等人。

近代，隨著「教育改革行動方案」的推動，教育方針趨向多元，鼓勵適性發展，提升學生適應多變社會的能力，且在全球化浪潮的推波助瀾下，逐漸向國際化邁進，通過學術交流跨越國家、種族的界線。

未來教育兼顧國際及本土

如何在國際競爭中展現臺灣的文化特色及自信，是接下來值得深入探討的課題。孫大川認為，未來的教育需要兼顧國際視野與本土認同，培養學生在全球化時代中開放的學習心態，與厚植文化素養。而日新月異的科技也勢必進入教育範疇，尤其新冠肺炎疫情為全球帶來劇烈動盪，反映在教育上最顯著的改變，就是遠距教學和數位學習平台成為新趨勢，線上課程、電子書籍等技術應用，打破了傳統課堂的時間與空間限制，使得教育形式更為多樣化。

人工智慧、虛擬實境、大數據等新興科技的發展，為教育提供了更多創新模式的可能性。在孫大川看來：「以前，知識是掌握在老師手上，以後則未必。」未來二、三十年間，教育型態將會面臨很大的轉變，教育方針應著重思考如何強化孩子的自主學習能力，以及如何在應用科技時，仍不忘人文精神和文化內涵。

（文／張雅琳）

蕭瓊瑞

建構臺灣美術史的關鍵學者

以歷史縱深
推動藝術教育

1997
臺灣文化獎
藝術文化類

二十二歲起擔任教職，從國小老師到大學教授，蕭瓊瑞人生黃金歲月四十三年都在教育界，即便退休多年，推動人文教育的腳步未曾停歇。

2024年一開春，由蕭瓊瑞策展的《五月與東方——臺灣現代藝術運動的萌發》，於歷史博物館盛大開展，當初因為時間緊迫，主辦單位邀請蕭瓊瑞出馬時還不敢懷抱太大希望，未料他竟一口答應。蕭瓊瑞解釋：「現今這個世代，能夠有機會把外省、本省藝術家的經典作品做一次整理，我責無旁貸。」

與此同時，臺南的《歐亞首戰‧在大員——楊炳輝巨幅油畫暨史料特展》同樣由蕭瓊瑞策展，展場透過一幅幅震懾目光的巨幅繪畫，帶人走進時光隧道，回到四百年前的戰場，畫面生動地帶觀者重新思考：「一個看似瀕臨覆亡的明末將領鄭成功，是如何打敗當時最強盛的海上霸權荷蘭？」並從中反思：「為什麼鄭成功是臺灣的民族英雄？」誠如蕭瓊瑞所說：「何其有幸，臺灣人能透過藝術展覽，撇開過去民族精神教育思維，進階到人文歷史思考層次，從不同角度得到新的認知，並做出對的回應。」

恩師王家誠啟蒙

年近七十的蕭瓊瑞來自純樸的澎湖，童年在正常的教育環境長大，沒有課業壓力，放學後不用補習，偶爾還能對著浩瀚大海畫畫，生活過得輕鬆愜意，但進到高中後一切不變……

蕭瓊瑞回憶，升到高中後每一天都在考試，課堂裡真正可以學的反而不多。他說：「不到一個月，我就確定這不是我想要

的生活。」於是，蕭瓊瑞決定重考臺南師範專科學校（現為臺南大學）。為了能順利轉到南師，蕭瓊瑞每天放學就躲到住家附近教堂的塔樓裡看書，他戲稱，那段時間自己就像《鐘樓怪人》的主角，每夜窩在塔樓，直到清晨父親喚他起床上學。

如此發憤圖強，蕭瓊瑞果然以第一名的優異成績考進臺南師範專科學校國校師資科美勞組，並且遇到影響他一生至深的老師王家誠。

王家誠是蕭瓊瑞南師二年級的美術老師，不同於一般老師，王家誠每堂課都準備豐富的幻燈片讓大家觀賞，內容豐富到下課鐘響了，課還沒上完，晚上得繼續補課。其他老師質疑

蕭瓊瑞(左)在臺南師範專科學校的老師王家誠(右)，其教育方式啟蒙了他的藝術靈魂。（圖片提供／蕭瓊瑞）

王家誠:「這樣的教法,怎麼培養一個國小美術老師?」他卻反問:「如果沒有一顆藝術家的心靈,要如何教學生藝術?」蕭瓊瑞說:「別的老師教學生怎麼畫畫,但王老師卻是在教我們藝術。」

王家誠的教育格局啟蒙了蕭瓊瑞的藝術心靈,更因為王家誠將藏書全數捐給學校圖書館,讓他得以大量閱讀,累積有關藝術史的基本知識。基於對王老師的景仰,蕭瓊瑞擔任教職後也追隨其理想,以「傳遞概念」的方式推廣藝術。曾有學者在臺灣師範教育的研究中寫道:「王家誠一生能教到蕭瓊瑞這樣的學生,算是划得來了。」蕭瓊瑞認為,這句話對他來說,是人生最大的褒揚。

以美術為主題的歷史論文

從藝術到歷史,是蕭瓊瑞人生另一個奇妙的轉折。

蕭瓊瑞在臺南教書的時候,有位讀成功大學歷史系夜間部的朋友找他「陪讀」,蕭瓊瑞翻了翻朋友的歷史書籍,當下覺得:「歷史太有趣了。」於是認真準備考試,最後以榜首的好成績錄取,不僅如此,在校期間每學期還都第一名。大四時,蕭瓊瑞發現臺大有一個「歷史研究所藝術史組」,心想,這個系所簡直是為自己所設立,決心報考。

原以為考試成績十拿九穩,蕭瓊瑞也確實拿下最高分的成蹟,而且高出第二名的考生許多。然而事與願違,因為以同等學力報考研究所的考生必須加考「史學與史料」,他卻在此科目

中大栽跟頭。本身有基督信仰的蕭瓊瑞說：「沒考上臺大研究所，自然有些失望，但我存感恩的心，相信神會為我預備下一個恩典。」果然，第二年，他以優異成績錄取成功大學歷史語言研究所，不僅如願進到研究所，也不用離開妻子和女兒。「不管是我的童年生活、求學時的友誼或是愛情故事，都構不成偉大事蹟，但點點滴滴豐富我的生命。」

精研臺灣藝術家作品的蕭瓊瑞，時常受邀舉辦藝術講座，發現藝術學習者大多著重於技巧的訓練，但他認為，生命本身就是藝術，世界上沒有一項藝術可以脫離生命本身，只是人的生命終會結束，藝術則能留存並延續生命的價值，他舉例，現在大家都知道米開朗基羅和他所繪的穹頂畫《創世記》和壁畫《最後的審判》，但有誰會記得當時的教宗呢？

一生懸命梳理臺灣美術發展脈絡

因為藝術與歷史兩項背景，蕭瓊瑞以藝術史為主題撰寫碩士論文，過去這樣的主題多是美術系研究生才會做的題目，從歷史的角度進行撰寫，在當時實屬創舉。

蕭瓊瑞以自己的碩士論文《「五月」「東方」兩畫會之研究——中國美術現代化運動在戰後台灣之發展》為例說：「如果是美術系學生做這個題目，探討的會是這個時期藝術作品的偉大與特色；但從歷史的角度出發，研究重點就會是，為什麼這個時期會有畫會的出現及衍生的影響，」他解釋，美術學校是當時中國現代美術發展的重要推手，但臺灣從日治時期開始就

沒有美術學校，因此才會有「五月畫會」和「東方畫會」出現，並成為臺灣現代繪畫的關鍵力量。

四十多年來，蕭瓊瑞著作無數，像是《五月與東方 —— 中國美術現代化運動在戰後之發展》、《觀看與思維 —— 臺灣美術史研究論集》、《臺灣美術評論全集 —— 劉國松卷》、《島嶼色彩 —— 臺灣美術史論》、《戰後台灣美術史》、《陳澄波全集》等超過二十本。

其中，《臺灣美術全集 30：楊英風》一編就十二年，而邁向七十歲的他手上仍進行《水墨畫變相史》的撰寫，他說：「水墨畫的原鄉雖然在中國，卻在臺灣創造出獨特的現代水墨風格，」他以美國舉辦的《中華五千年文明藝術展》為例，特別邀請了臺灣的藝術家劉國松參展，其被視為是將中國水墨繪畫推向新世紀的重要人物，因此，臺灣人千萬不要妄自菲薄。

另如臺灣抽象畫畫家陳正雄，他既是法國「五月沙龍」長期參展的藝術家，更是世界迄今唯一兩度且連續獲得義大利佛羅倫斯國際當代藝術雙年展傑出創作獎「羅倫佐獎章」的藝術家；當今世界畫價最高的英國藝術家霍克寧（David Hockney），以及美國知名寫實雕塑家昆斯（Jeff Koons），都在他之後得獎。而陳正雄正是臺北西區扶輪社的資深社友，也是當年推薦蕭瓊瑞獲得臺灣文化獎的人。

從教育著手建構臺灣意識

蕭瓊瑞進一步說明，有人以為臺灣藝術貧乏，其實臺灣不

蕭瓊瑞致力整理臺灣藝術史,並非要向別人證明什麼,
而是要讓臺灣人了解,這塊土地曾經有很多偉大成就。

是沒有偉大的藝術，只是沒有整理罷了。他一生致力於整理臺灣藝術史的目的，「不是要向別人證明什麼，而是要讓臺灣人知道，這塊土地曾經有很多偉大成就，」他強調，因為這些傲人的文明成就，讓臺灣人能看得起自己、活得更有尊嚴。

「研究歷史的核心課題是探究生命從哪裡來，而討論生命從哪裡來之前，更重要的是要知道什麼是生命，」蕭瓊瑞感嘆臺灣過去的歷史觀，因民族精神教育被窄化，導致無法全面而宏觀地看待，所以，從教育著手讓臺灣人重新認識歷史，已刻不容緩。

對於臺灣至今仍存在省籍糾結，蕭瓊瑞認為無比荒唐，他說：「臺灣自古就是多元民族，現在甚至還多了東南亞的新移民，哪裡還有本省、外省的爭議？」所謂地理影響人、人創造歷史，蕭瓊瑞認為，應該要從認識這塊土地開始，盡快建構臺灣族群結構主體意識，讓大家認清什麼是臺灣人，「如果臺灣不能有國家主體意識，軍人沒有國家認同，如何上戰場保家衛國？」

時至今日，在人工智慧的浪潮與少子化等因素影響下，年輕學子對人文歷史愈發不重視，甚至113學年大學申請入學分發，成功大學歷史系竟破天荒掛零。蕭瓊瑞語重心長地說：「歷史是『方法』、是自然科學裡面的『數學』，也就是具有時間縱深的思維方式，」蕭瓊瑞強調，學習歷史是訓練複雜的邏輯思考，幫助學子穿透事情表面看見過程，尤其面對如今詭譎多變的國際局勢，臺灣人更應該好好學習歷史。

（文／顏怡今）

董昭民

跨域創作知名音樂家

東西融合，
玩出音樂無限可能性

2013
臺灣文化獎
原住民音樂創作獎

如果說一個人的家居擺設展現了他的個人品味與喜好，那麼作曲家董昭民家中擺放的古箏、二胡和鋼琴等多種樂器，正是他跨領域創作風格的完美映照。

現為陽明交通大學音樂研究所所長的他，是當代最具實驗性和創新精神的音樂家之一。董昭民的創作不僅展現了跨越文化與時空的多元性，還將西方的音樂作曲技法融入臺灣本土音樂，特別是原住民音樂的傳統，並且透過與電子音樂、電腦編曲的結合，不斷拓展音樂藝術表達的可能性。

他在實驗性音樂創作方面尤為突出，最具代表性的例子是他將古箏和電子音樂、電腦編曲結合的創作，例如《浪淘沙》、《心經》和《空間的吶喊》，這些作品都運用了古箏與現代科技的互動，展現傳統樂器與新媒材之間的對話與衝突。除此之外，董昭民還嘗試將二胡與薩克斯風合奏，探索東、西方樂器在音色與音樂表達上的融合。

這樣的創新嘗試，進一步拓展了東方音樂語法的表達空間，以當代的音樂語彙和科技，發展出現代的展演形式。

文化啟蒙的音樂探索

回憶音樂之路的啟蒙，董昭民自承創作理念深受在歐洲的學習經歷影響。1969 年出生的他非音樂科班出身，在體制教育內接觸到的都是西方音樂，雖然自小就察覺到自己對音樂的高度興趣，但學習歷程上始終沒有機會更深入地認識臺灣的音樂文化。

二十一歲那年，他負笈德國就讀科隆音樂學院，專攻實驗作曲和現代作曲，畢業後又到埃森音樂院深造，以優異成績獲得最高作曲文憑。他順利取得作曲家人人盼望的成就，誠然相當不易，但當時指導教授胡伯（Nicolaus A. Huber）的靈魂拷問：「你了解自己的文化嗎？」給了董昭民一記當頭棒喝。

　　當時教授告訴他，身為亞洲作曲家，就算藝術表現再怎麼卓越，他的創作若沒有自己本土的文化元素，也不會被歐洲人接受，「我才意識到音樂的定位問題，如果沒有屬於自己文化的內涵是不行的。」這種文化反饋的期望，促使他開始反思自身文化的根源，進而深入研究臺灣的音樂傳統，特別是原住民音樂的精髓。

　　為了挖掘東方文化脈絡下的音樂元素，董昭民於 1999 年起，有計畫性地接觸家鄉音樂，踏上作曲生涯的尋根旅途。

　　有一半原住民血統的他，從原鄉音樂著手，探索傳統音樂美學的特殊性。董昭民舉例，像是原住民族歌唱方式以齊唱與合唱二種最普遍，歌詞部分經常隨獨唱及領唱者的自由意志而即興變化，跟當代音樂帶點「反秩序」的精神很類似；或者是歌唱中大量出現的微分音（比半音還要小的音程），就像在鋼琴的黑白鍵之間出現了新的琴鍵一樣，將音階劃分得更細，也是當代音樂的重要語彙。

　　「我那時候聽了才驚覺，天啊，原來我們自己的音樂可以如此豐富，那麼久以前流傳的音樂，竟然可以連結到這個時代的某些精神，」董昭民驚豔於原住民族音樂文化的多變色彩，帶給他更多的文化自信，開始積極投入研究臺灣和中國各地的民謠，也包含中國少數民族的音樂，沉浸在東方傳統音樂裡，再

利用過去自己所學，找尋傳統和當代的共通點，「這些都變成我現在所有創作的養分。」

跨域創作開啟更多可能性

為了尋找自身的文化脈絡，董昭民花了七年時間專攻古箏與古琴演奏，利用東方傳統樂器聲響的獨特性，融入西方作曲概念，這也讓他的創作跳脫出西方作曲形式上的限制與框架，融入大量臺灣本土音樂元素，並與西方和聲、現代編曲技法相結合，形成了一種獨特的音樂風格。

他在一次參訪客家庄的活動中，看到當地人在燒製長長的竹筒，「起初只是覺得好看就買了下來，後來開始思索要怎麼用來『玩音樂』，」因此董昭民從竹筒外型聯想到原住民搗小米的木杵，遂將兩者結合，在 2013 年創作出〈石竹緣〉。他在中空的竹筒內放置麥克風，和演出現場的擴音揚聲器所相互牽引出的回授效果（Feedback），加上即時生成的原住民圖騰影像，以

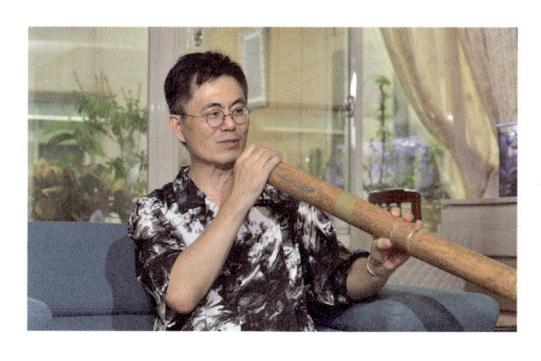

董昭民從竹筒外型聯想到原住民搗小米的木杵，因而將兩者結合，在 2013 年創作出〈石竹緣〉。

竹形樂器和互動電聲融合的奧妙,展現了臺灣達悟族野銀部落（Ivarinu）神話故事中描繪的「女人從竹中生,灑水於石頭上成為男人」意象。

同年,他以原住民音樂創作獲頒臺北西區扶輪社第五十八屆臺灣文化獎,即在台上重現這段經典,他自述獲獎原因,源自他在創作上翻新了原住民音樂給人的傳統印象。

何以能有源源不絕的創作靈感？董昭民歸功於過去多年旅居德國,與跨領域藝術家的合作,碰撞出許多火花;自1998年開始,德國視覺藝術家海涅（Annegret Heinl）欣賞了董昭民的作品後,便邀請他共同研發一系列合創計畫。2003年於科隆發表的《繩舞》（SEILTANZ）,以七條粗細不同的繩子,分別沾滿不同顏料,做為繪圖與樂器演奏上的共同工具。繩子在巨幅白紙上

2003年董昭民與德國視覺藝術家在科隆發表《繩舞》,
以七條粗細不同的繩子沾滿不同顏料,做為繪圖與樂器演奏時的共同工具。
（圖片提供／董昭民）

作畫時,另一端於古箏琴弦上擦出聲響,當琴弦斷裂,這段現場繪畫暨演出的行為藝術也戛然而止。

這樣的作品呈現,在聽覺與視覺感皆頗富實驗性,即使在當時的德國也是相當前衛新潮。董昭民認為,21世紀初個人電腦慢慢興盛,也觸發許多藝術家開始嘗試各種跨領域的結合,「因為有了那段時期的經驗,帶給我很多跳出音樂領域的創作思維,啟發音樂的更多可能性。」

浸潤在德國的創作環境中,他觀察到不同的民族性對於藝術想法也大相徑庭,「德國人的藝術風格很精簡,直率、坦白,沒有多餘的東西,」未多加裝飾的創作路線,深深吸引並影響了董昭民在創作上的表現,「愈是原始質樸,反而愈能讓人看出它最核心的藝術本質。」

多媒體藝術形式的創作

帶著飽滿的跨領域創作養分,董昭民在2007年受交通大學(現為陽明交通大學)邀請,返臺任教,在音樂研究所教授作曲、多媒體新音樂及新音樂劇場。

在音樂教育上,他注重跨文化的融合,無論是臺灣本土音樂、原住民音樂,還是西方的爵士樂和現代音樂,都應多方接觸。他認為這種文化多樣性的探索,能夠為音樂創作帶來更多的刺激。

董昭民也強調,當代音樂創作者應該具備跨領域的思維,並能夠掌握現代科技做為工具,發展出更豐富的藝術詞彙。因此,他在教學中鼓勵學生學習程式編碼,深信這將會有助於他

們理解並駕馭科技與音樂的融合。

「音樂創作不僅僅是傳統樂器的演奏表現，更是一種與時俱進的多媒體藝術形式，學生需要走出自己的舒適圈，嘗試更多跨界的藝術創作。」

十多年過去，董昭民樂見過去播下的音樂種子陸續開花結果，例如鄭乃銓在學生時期就展現對現代音樂與多媒體創作的熱愛，畢業後，他致力於音樂與劇場、裝置藝術的跨領域結合創作，代表作有 2016 年第十四任中華民國總統就職典禮中重新編曲《美麗島》大合唱、2017 年世界大學運動會開幕式擔任音樂編程；被盛讚「史上最美」的 2019 年臺灣燈會，開幕表演《山海昇屏》以無人機炫麗燈光秀，搭配令人震撼的背景音樂，帶來視覺、聽覺雙饗宴，鄭乃銓便是製作配樂的幕後功臣之一。

打破傳統音樂教育理念

2024 年 9 月，這對師生也攜手合作，在名為《音相體》的音樂會裡，以鄭乃銓的四件裝置作品為起點，透過人工智慧即時數據分析與視覺裝置動態，將音樂符號傳達給臺北中央 C 室內樂團 C-Camerata 即時演奏。由來自德國的聲音藝術家科赫（Hans W. Koch）及新媒體藝術家托納哲爾（Tina Tonagel）、董昭民，以及橫跨音樂創作與資訊工程的作曲家張俊彥等跨界大師聯手創作，完成一場「聲音裝置、樂器、演奏家、作曲家、數位聲音及 AI」對話共奏的音樂會。躍動的光影、流變的音符，帶領聽眾展開科技與藝術的奇幻之旅。

董昭民說：「教學雖然會占去不少自己的創作時間，也帶

來很多成就感,」他回憶自己當年就是在歐洲的啟蒙恩師胡伯（Nicolaus A. Huber）的引導下，真正地從「心」檢視自己與音樂的關係，就像打通了任督二脈，從此讓他更有邏輯地面對創作。因此，當自己有機緣進入教學場域，他也希望將這些觀念一一傳達給學生。

眼見科技日新月異，結合人工智慧技術的創作形式如百花齊放，但董昭民期待的是更多內容的累積，「當代的藝術家要更熱烈地投身科技，讓這些創作能夠真正長出血肉。」

董昭民勇於打破傳統的界限，無論是音樂創作還是教育理念，他始終走在實驗和創新的前端。從傳統到前衛、從視覺到聲響，藉由一次次藝術表演突破自己，因跨界合作不斷地學習與成長，「這就是『玩音樂』，」他說自己還是希望做比較有衝擊性、能夠撼動世代的創作，唯有如此，才能讓當代不斷和傳統持續對話，反映出人類共通的情感和思想。

（文／張雅琳）

董昭民認為，音樂創作者應具備跨領域的思維，
並掌握現代科技做為工具，發展出豐富的藝術詞彙。

懷劭・法努司

原舞者創團人

百萬公里的堅持，
以樂舞引領青年尋根

2021
臺灣文化獎
樂舞育才貢獻獎

從花蓮縣到新北市金山高中的單趟路程大約二百公里,從屏東縣臺灣原住民族文化園區前往更超過四百公里,這是每週北上教導原住民族青少年尋根的懷劭‧法努司必須經過的路程,二十多年來不曾間斷。

然而,懷劭‧法努司自己的尋根之路,遠比這些青年學子來得漫長和遙遠,而且一路在茫然中摸索。

臺灣原住民族經歷了幾世紀的強權殖民,從荷西時期的西化、清領時期的漢化、日治時期的皇民化,漸漸失去了自己的文化和語言,即便臺灣政府在戰後給予原住民族多次的正名,但其推行的現代化、平地化卻是同化政策中最成功的,臺灣原住民族就在過程中慢慢失去自己的族名、語言、歌舞和祭儀而不自知,漢名蘇清喜的懷劭‧法努司,正是在這樣的社會環境中出生。

努力活得像漢人

懷劭‧法努司所處的部落是由小型、外來的氏族(ngasaw)所組成,組織零散繁雜,影響了部落紀錄的完整性,雖然部落仍有集會所(sefi')和年齡階級等傳統規範,傳統祭儀卻在他十歲時蕩然無存。再加上懷劭‧法努司家族信奉的宗教,讓他疏於部落活動,也沒有加入年齡階級制度,更無法參與部落的政治事務。

小學畢業後,為了唸初中、高中,懷劭‧法努司離開了部落,寄宿在臺東市區親友家中,接受純然的漢族教育與文化,週末

假日才回到部落,使得他與部落關係漸行漸遠。然而,部落母語口音和臉龐深邃的輪廓猶如印記,讓懷劭‧法努司進入社會就業後深受困擾,因為漢人對原住民族的刻板印象,讓他對自我身分認同產生猶豫,「朋友、同事有時因為我的口音很奇怪,問我是哪裡人,我都回他山東人,來自山東邊的人,不然就說自己是老美——丟擲手榴彈後跑得很快的老美。」懷劭‧法努司說那段時間,他努力活成漢人蘇清喜的樣子。

當時他輾轉來到臺北,在SONY公司負責資材管理、市場開拓的工作,因為業務手腕好,業績不錯,日子過得舒坦,三天兩頭與同事朋友吃飯喝酒,過得風風光光。一直到後來他轉任至相關企業新格唱片,負責舉辦「金韻獎」,發掘民歌歌手,間接讓他在歌聲中,找到人生的轉捩點。

意外開啟的尋根之旅

金韻獎舉辦到第六年時,民歌慢慢沒落,為了轉型,懷劭‧法努司開始思考未來該做什麼音樂,此時他腦海裡深藏的部落旋律響徹雲霄,提醒他回頭尋找這些融入他血脈的樂舞。他回到高雄,暫時住在阿姨管理的山胞會館中,這裡是提供來都市尋找工作的原住民朋友,一個暫時居住的場所,他在這裡聽到了從小就很少聽到的原住民歌曲。

那時正值1980、1990年代,原住民乘著臺灣民主運動的羽翼崛起,開始透過立法爭取自己的傳統族名,以及更平權、無歧視的「原住民族」一名。但是,一般人對於原住民族文化

的認知卻遠不及法條確立的速度，懷劭‧法努司說：「一般人對原住民樂舞的認知，多數仍停留在觀光區廣場隨著錄音帶播放，土風舞式的舞蹈表演，表演者的服飾和音樂完全無法追究起源和族群差異性，」懷劭‧法努司當時僅是略懂阿美族文化的皮毛而已，在追尋原住民音樂可能性、完成工作之餘，卻也意外地展開他的尋根之旅。

懷劭‧法努司在探索過程中了解原住民的歌曲因為部落、族群的不同，而有各種吟唱方式，有些唱詞是虛實夾雜，有些是單文襯托旋律的優美吟唱。最終他體會到，做原住民族音樂最大的難處在於，部分的原住民歌曲可以獨唱，部分卻得群體合唱，樂舞祭儀雖然在中文的呈現上使用相同名稱，例如豐年祭，卻因為每個族群的不同而有不同意義，祭典時間、儀式、吟唱方式也都迥然不同，這些都得是同族群、同部落、親身浸淫其中的人才得以體驗的細節，身處不同部落的他，無從得知。

只是略懂阿美族文化，又無法深入不同族群去探究歌謠，懷劭‧法努司所追尋的原住民音樂戛然而止。但他同時也體認到：「如果要做原住民音樂、舞蹈，那麼不可避免的就是要組團。」因而種下了他創立「原舞者」的種子，也導引他開始尋根。

1991年，原舞者創團並開啟了原住民歌舞新篇章。為了籌措原舞者的創團經費，懷劭‧法努司透過報導，由文學家吳錦發向藝文界發出募款，創團初期原舞者百納各個不同族群的原住民族，即便薪水不多，仍吸引來自四面八方的部落青年投入。

在舞曲的創作上，為了扭轉廣場式土風舞的刻板印象，懷劭‧法努司採納人類學學者胡台麗意見，一同走進部落做田野

調查,並且邀請各界部落長者、學者為舞者上課,開啟跨族群的文化學習。也因此,定下原舞者每齣舞曲的創作都得經過長達二至三年田調,舞曲完成後還需經過部落長老同意才得以演出的規矩,把原本發生在部落的口唱、舞蹈濃縮在九十分鐘的歌舞中,去蕪存菁地在劇場重現。

　　過去從未接觸部落傳統樂舞的懷劭・法努司發現,創作過程中最難的不是肢體表演,而是語言和發音。「原住民的歌曲多數是傳唱口授,沒有文字記錄,只能靠強記,但在多族群成員組成的團體中,為了方便傳承學習,又非得有文字記錄,」他說初期的歌譜是以漢字、英文、注音符號的方式記錄,之後才改以全球通行的羅馬拼音記錄,不僅符合語言書寫系統潮流,也間接為臺灣原住民文字的書寫推廣盡了一份心力。

教育超過七百位表演者

　　隨著時代的演進,在創團的第二個十年中,原舞者將歌舞表演加入了戲劇元素,並與其他劇團、舞團合作,例如屏風表演班、布拉瑞揚舞團等,也進一步把現代劇場的音樂、燈光和特效等,帶進原住民的傳統歌舞中。至於近十年,原舞者則是走向舞者的肢體語言開發,把肢體語言藝術化,但仍保留原住民勞動的姿態印象。

　　懷劭・法努司認為,原住民的樂舞本質雖是遵循傳統,但隨著時代的變遷,如果僅是維持傳統勢必無法滿足各個世代的觀眾,劇團不得不在傳統的基礎上加入現代感。但令他感覺衝突的

懷劭‧法努司創團的原舞者，已培育超過七百位傑出舞團人才，讓遠離部落的原住民青少年，藉由傳統樂舞理解部落文化。
（圖片提供／董子祺）

現在的懷劭・法努司如同部落長者，等待原住民青年回頭，找回自己的根。

是，傳統原住民族歌舞標榜的肢體展現，為了創新融入了現代學院派的舞蹈動作，卻促使傳統的肢體表現方式消失不見了。

又或者，部分舞團保留了傳統原住民歌舞的肢體表現方式，卻著重在舞者的服裝造型上創新，捨棄了標示文化背景的傳統服飾，讓觀眾無法清楚知道歌舞的來源與出處，造成認同混淆。

原住民舞蹈與一般舞蹈不同的是，許多的舞蹈動作都來自原住民肢體勞動時的樣態，並以不斷重複的動作在舞台上呈現出屬於原住民族的美感。因此懷劭·法努司始終認為，不管原住民歌舞如何改變創新，舞蹈表現仍得保有如同軍人般剛正力量的軍體、保持原住民勞務動作的勞體，以及如女性般具有韌性卻又柔軟的女體等三體特色。

由懷劭·法努司創團的原舞者歷經三十年歲月，作育超過七百位傑出的舞團人才。他在 1991 年無心播下的種子，如今開枝散葉，成為臺灣原住民族舞團的孵化器，成就了冉而山劇場、TAI 身體劇場等。而他歷時二十四年走過近百萬公里的旅程，讓身處在都市、遠離部落的原住民青少年，藉由傳統樂舞理解部落文化，縮短了都市與部落的距離。

回應祖靈的呼喚，尋回自己根本的懷劭·法努司，再度吟誦著部落長者的話語：「孩子，回來吧！眼前的蘆葦已經遮蔽了海洋，再也看不見太陽的第一道光芒，我駝背的速度愈來愈快。再也看不見小孩在這裡玩耍，雜草已經掩蓋掉你回家的路，孩子，回來吧！」現在，懷劭·法努司也如部落長者，等著新世代的原住民青年回頭，找回自己的根。

（文／黃翎翔）

結語　利他利己，創造社會良善循環

　　臺北西區泛指的是大稻埕和艋舺一帶，早在大約一百七十多年以前，這一帶即因為淡水開港，盛行茶葉與布料貿易，成為臺北最繁華的物資集散中心，鄉紳權貴也紛紛聚集，逐漸匯聚成人文薈萃之地。

　　日治時期，臺北西區也成為臺灣新文化運動的發源地，影響力持續向外擴散至全臺，致力教育文化及政治改革的霧峰林家的林獻堂、與同出詩社的臺灣民主運動推手蔡惠如等，在此成立政治改革組織臺灣同化會、新民會，全臺知名的知識分子、文學家、畫家、傳統戲曲工作者均往此地聚集。

　　臺北西區扶輪社也於1954年在此落地生根，因地域凝聚濃厚的文藝氛圍，創立時即吸引到心懷臺灣，腹藏筆墨，喜文弄舞的鄉紳，例如創社社長游彌堅、企業家辜振甫、留德化學博士李超然、銀行家高湯盤、醫學博士郭金塔、臺北醫學院（現為臺北醫學大學）創辦人胡水旺、洪健全文教基金會創辦人洪健全、六福開發創辦人莊福……，名人雲集，鹿港辜家、霧峰林家、基隆顏家及高雄陳家，臺灣四大家族全都陸續入社。

知識分子聚集，臺灣意識也覺醒得早，臺北西區扶輪社即便在「禁說臺語」的年代成立，依然勇於打破語言政策，堅持本土認同，成為第一個社員例會時，全程使用臺語溝通的扶輪社，且延續至今。在創立後第一屆就設置了「扶輪獎」，獎勵對文學、美術、音樂、體育及科學有貢獻的人士，鍾肇政、許常惠、李泰祥、楊傳廣、紀政等著名人士，在成名前，都曾經得過扶輪獎。

　　秉持提升臺灣文化的初衷，1984年，扶輪社三十週年時設立了「教育文化獎助金」，資助有關教育文化研究，對社會有貢獻的人士；1995年，扶輪社創立四十週年時再進一步成立「臺灣文化獎」，獎勵對臺灣文化有研究、推廣及保存的人士，迄2025年屆滿三十年，得獎者超過百位。

　　隨著時代更迭，扶輪社社員注重文化、尊敬土地，由內而外散發的文雅氣質依然不減。擔任過三屆臺北西區扶輪社臺灣文化獎委員會主委、有著「時尚老人」之稱的林經甫說：「臺北西區扶輪社的社員並不是因為多是藝術家，或者是文化工作者，才創立「臺灣文化獎」這個獎項，而是因為聚在這裡的多數社員都是以『我做為一個臺灣人，如何讓臺灣以我為傲』的心態從事社會服務，崇尚的不是以賺錢來顯示高人一等，而是內在的良善素質，並認同臺灣文化的一致想法。」

　　第六十六屆主委王政修也提到，宏碁創辦人施振榮曾在扶

輪社的例會中演講,他提到「利他即利己」的概念,和扶輪社的理念不謀而合。

扶輪社是百年前,由芝加哥的哈里斯(Paul Harris)所成立,其主張的社務、社區、職業及國際四大服務,之後再加入青少年服務,主要源自於西方系統的管理文化。落地臺灣後,臺北西區扶輪社希望站在文化的制高點上推動五大服務,以符合當下的社會環境及需求,讓臺灣文化可以有好的發展。

第七十屆主委翁嘉立補充說明,臺北西區扶輪社在草創初期便因應1950、1960年代的社會環境,提倡「不二價」、「守時」、「微笑」、「禮貌」等運動,認為社會的文明提升了,商業及企業經營環境也會跟著變好,形成良善循環。

因此,多年來臺北西區扶輪社期望不單藉由職業專長提供弱勢改善,還希望有更積極及長遠的作為。第六十八屆主委林炎良指出,舉辦三十年的臺灣文化獎,就是臺灣眾多扶輪社當中獨樹一格的創舉,更是民間發起,歷史最悠久的文化獎項。

文化是民族生存和發展的重要力量,且需要與時俱進。林經甫認為:「雖然世事難以預料,但臺灣未來一定與科技、人工智慧有關,而文化看似與科技、AI對立於新舊、感性與理性的天平兩端,但未來文化的演進是否還能獨立於科技之外,是值得深思的課題。」

林經甫以美國設計學校排名第一的藝術中心設計學院(Art

Center College of Design）和全球前十大的加州理工學院為例，兩校早在三十年前即達成教育協議，讓兩校學生可以跨校修課，且須在雙方學校有一定比例的學分才得以畢業。此舉代表了科技與文化相互取經，未來藝術與文化可能不再全然出自於職人手藝或工藝，科技也不再全然的剛硬和理性，而是有更多感性和藝術的面貌。

「未來，科技依舊要與文化結合，『科文共榮』才是正確的發展，」林經甫說，或許再過不久，臺北西區扶輪社頒發臺灣文化獎以鼓勵藝術創作時，獲獎的不再是藝術家或畫家，而是工程師或科學家。

但無論如何，只要保持著包容跟開放的心，良善的中心思想及扶輪社四大服務精神始終存在，就能散發正面影響力，讓社會文化、文明良善循環，達到真正的利他利己。

（文／黃翎翔）

附錄

臺北西區扶輪社
「臺灣文化獎」歷屆得獎人

① **第 40 屆**
1994 年～1995 年

主委：許媽瀨
評審：文化獎委員會

- 歷史研究類　江樹生
- 母語推廣類　吳秀麗
- 民俗藝術推廣類　施慧珍、紀淑玲

② **第 41 屆**
1995 年～1996 年

主委：林經甫
評審：文化獎委員會

- 政治文化　陳哲男
- 教育文化　胡淑賢
- 人權文化　夏曼夫・阿原
- 國外獎助金　三好博子

③ **第 42 屆**
1996 年～1997 年

主委：丁守真
評審：文化獎委員會

- 藝術文化類　蕭瓊瑞

④ **第 43 屆**
1997 年～1998 年

主委：吳樹民
評審：許常惠（故／臺灣作曲家、音樂教育家、國家文藝獎得主）
　　　莊永明（故／臺灣文史專家、作家）
　　　林谷芳（音樂家、文化評論人、禪者）
　　　黃玉珊（臺南藝術大學動畫藝術與影像美學研究所教授）

音樂類　陳郁秀
電影類　黃明川

⑤ **第 44 屆**
1998 年～1999 年

主委：陳嘉男
評審：曾永義（故／中央研究院第一位「戲曲院士」、時任中華民俗藝術基金會董事長）
　　　陳其南（時任故宮博物院院長）
　　　邱坤良（臺北藝術大學戲劇系名譽教授）
　　　杜正勝（成功大學歷史學系榮譽教授、時任中央研究院歷史語言研究所所長）
　　　胡忠信（臺灣作家、媒體人、政論家）

原住民文化　童春發、土田滋
歌仔戲　劉寧猛
國外獎助金　竹中正巳

⑥ **第 45 屆**
1999 年～2000 年

主委：郭俊宏
評審：許常惠（故／臺灣作曲家、音樂教育家、國家文藝獎得主）
　　　馬水龍（故／臺灣音樂家、作曲家）
　　　呂錘寬（臺北藝術大學傳統音樂學院教授）
　　　中華民國紡織業外銷拓展會

南管類　清雅樂府、張鴻明
衣著類　林錫三、陳麗卿、施育芃
國外獎助金　喜屋武龍一

⑦ **第 46 屆**
2000 年～2001 年

主委：郭明三
評審：陳長華（曾任《聯合報》記者、綜藝新聞中心文化小組組長）
　　　楊基炘（故／戰後臺灣最活躍的鄉土攝影家之一）
　　　陳葆真（臺灣大學藝術史研究所名譽教授）
　　　許王（國家文藝獎得主、小西園掌中劇團團長）
　　　李殿魁（臺北藝術大學傳統音樂學系教授）
　　　謝德錫（歷史研究者、臺灣全紀錄撰稿人、臺灣近代名人志撰稿人）

臺灣鄉土文化攝影　黃伯驥
布袋戲類　吳正德、羅斌

咱的時代，咱的光　　247

⑧ **第47屆**　　　主委：洪敏弘
2001年～2002年　評審：王秀雄（臺灣師範大學美術學系名譽教授）
　　　　　　　　　　　王哲雄（時任臺灣師範大學美術學系教授）
　　　　　　　　　　　施並錫（臺灣師範大學美術學系教授、時任高雄縣文化局局長）
　　　　　　　　　　　黃俊銘（時任中原大學建築系專任副教授）
　　　　　　　　　　　鄭晃二（時任淡江大學建築學系主任）
　　　　　　　　　　　李素馨（臺灣師範大學地理學系教授、中華民國景觀學會名譽理事長）

　　臺灣美術類　韓旭東
　　臺灣建築類　劉克峰
　　國外獎助金　嚴子偉

⑨ **第48屆**　　　主委：林俊興
2002年～2003年　評審：喻肇青（故／時任中原大學景觀系名譽教授）
　　　　　　　　　　　陳亮全（時任臺灣大學建築與城鄉研究所教授）
　　　　　　　　　　　黃榮墩（時任臺灣社區營造學會第三屆秘書長）
　　　　　　　　　　　林芳玫（臺灣文學學會理事長）

　　永續社區營造獎　新竹九讚頭社區、北中寮龍眼林社區、馬祖牛角社區

⑩ **第49屆**　　　主委：林清富
2003年～2004年　評審：文化獎委員會

　推廣臺灣本土語文研究　李敏勇
　　　　　國外獎助金　竹浪遠、杉本欣久

⑪ **第50屆**　　　主委：林俊興
2004年～2005年　評審：社外社友評審5位、工作小組4位

　　推廣臺語有功人士　方南強、楊青矗、李昇達

⑫ **第51屆**　　　主委：林經甫
2005年～2006年　評審：文化獎委員會

　　生命教育貢獻獎
　　　　　學校類　金陵女中校長李台玲
　　社會福利團體類　臺灣葡萄園社會關懷協會副秘書長張廷成
　　　　　志工類　林注進

⑬ **第 52 屆**
2006 年～2007 年

主委：陳耀奇
評審：李敏勇（詩人、國家文藝獎暨行政院文化獎得主）
　　　陳萬益（清華大學臺灣文學研究所教授）
　　　洪淑苓（臺灣大學中文系教授）

臺灣俗諺獎　　陳主顯
傳記文學獎　　曹永洋
評論文學獎　　彭瑞金
臺灣日治時代的探討與研究獎　　柳本通彥

⑭ **第 53 屆**
2007 年～2008 年

主委：吳樹民
評審：黃明川（導演、臺灣獨立製片先行者、時任國家文化藝術基金會董事長）
　　　李泳泉（時任世新大學廣播電視電影學系老師、紀錄片研究工作者）
　　　張炎憲（故／時任國史館館長）

臺灣影音紀錄獎　　郭亮吟、洪隆邦、潘文鉅、黃淑梅

⑮ **第 54 屆**
2008 年～2009 年

主委：邱再興
評審：李魁賢（故／時任國家文化藝術基金會董事長）
　　　薛保瑕（臺南藝術大學榮譽教授）
　　　廖仁義（時任臺北藝術大學博物館研究所助理教授）
　　　平珩（時任臺北藝術大學舞蹈學院長）
　　　張己任（音樂家、指揮家）
　　　國家文化藝術基金會

藝術評論獎　　王嘉驥、王墨林、陳雅萍、陳漢金

⑯ **第 55 屆**
2009 年～2010 年

主委：洪敏弘
評審：國家文化藝術基金會
　　　陳耀昌（時任臺大醫院血液腫瘤科醫師、小說家、文史工作者）
　　　許木柱（時任慈濟大學人文社會學院院長）
　　　阮昌銳（時任臺北藝術大學傳統藝術研究所教授）

原住民歷史文化研究貢獻獎　　周惠民、陳有貝、陳叔倬、楊淑媛

⑰ **第 56 屆**
2010 年～2011 年

主委：黃政枝
評審：林淇瀁（財團法人國家文化藝術基金會董事長）
　　　呂興昌（成功大學臺灣文學系兼任教授）
　　　洪惟仁（時任臺中教育大學臺灣語文學系創系系主任）

臺語文學貢獻獎　李勤岸、黃勁連、楊允言、陳明仁

---

⑱ **第 57 屆**
2011 年～2012 年

主委：林經甫
評審：參與經濟部工業局贊助，由鴻宣娛樂整合行銷公司所企劃的「Taipei in Design」超級設計師大賽活動，製作一系列節目及舉辦超級設計師選拔

臺灣男衫
傑出年輕設計師獎

第一名	李長一	潛力 設計新銳獎	冠軍	吳日云
第二名	白玉萱		亞軍	白玉萱
第三名	吳日云		季軍	陳奕良

---

⑲ **第 58 屆**
2012 年～2013 年

主委：林嘉勳
評審：新北市音樂心靈推廣協會
　　　吳榮順（臺北藝術大學音樂學院教授）
　　　林珀姬（臺北藝術大學傳統音樂學系兼任教授）
　　　范宗沛（大提琴演奏家、配樂大師）
　　　陳主惠（製作人、編曲、大提琴家）

傳統音樂保存及推廣獎　周明傑、查馬克‧法拉屋樂
原住民音樂創作獎　董昭民、達卡鬧（李國雄）
傳統音樂保存及推廣特別獎　周宗經

---

⑳ **第 59 屆**
2013 年～2014 年

主委：林瓊瀛
評審：廖瓊枝（財團法人廖瓊枝歌仔戲文教基金會榮譽董事長）
　　　鄭榮興（臺灣戲曲學院首任校長、榮興客家採茶劇團藝術總監）
　　　徐麗紗（時任臺中教育大學音樂學系教授）
　　　范揚坤（臺南藝術大學中國音樂學系助理教授）

臺灣傳統偶戲獎　吳榮昌
臺灣傳統北管獎　邱婷
臺灣歌仔戲獎　石若妤
臺灣客家戲獎　陳芝后

㉑ **第60屆**
2014年～2015年

主委：陳修忠
評審：黃晉英（祐生研究基金會秘書長）
　　　陳郁秀（鋼琴家、音樂教育家、時任白鷺鷥文教基金會董事長）
　　　陳亮全（時任中華民國社區營造學會常務監事）

綠文化領域貢獻獎　張清華、撒古流・巴瓦瓦隆、劉克襄、柯金源

㉒ **第61屆**
2015年～2016年

主委：黃政枝
評審：林淇瀁（財團法人國家文化藝術基金會董事長）
　　　李敏勇（詩人、國家文藝獎暨行政院文化獎得主）
　　　黃建銘（詩人、新聞記者）
　　　王丰（曾任《時報周刊》採訪主任、《商業周刊》主筆、
　　　　　《商業周刊》總編輯、《TVBS周刊》總編輯）
　　　李欣芸（首位獲得金馬獎最佳電影原創音樂的女性配樂家）
　　　張振杰（編曲家）
　　　簡上仁（臺北藝術大學通識教育中心兼任教授）

臺語創作歌詞獎　陳廷宣〈思念的膨紗衫〉
　　　　　　　　陳妙媛〈燈仔花〉
　　　　　　　　陳東賢〈美麗的墾丁〉

創作歌詞佳作　　簡櫻汝〈長壽花〉
　　　　　　　　杜信龍〈有魂無體〉
　　　　　　　　藍淑貞〈思念阿母〉

臺語創作譜曲獎　黃尹萱〈思念的膨紗衫〉
　　　　　　　　許明傑〈美麗的墾丁〉
　　　　　　　　陳緯倫〈燈仔花〉

創作譜曲佳作　　王俊傑〈美麗的墾丁〉
　　　　　　　　許昱寰〈燈仔花〉
　　　　　　　　王明哲〈思念阿母〉

㉓ **第62屆**
2016年～2017年

主委：郭瑞嵩
評審：東元文教基金會

家鄉文化特色獎　唐子騏
科普教育服務獎　田園
藝術推廣獎　　　林舜龍

咱的時代，咱的光　　251

㉔ **第63屆**
2017年～2018年

主委：涂智益
評審：白仁德（政治大學地政學系教授）
　　　陸金雄（陸金雄建築師事務所主持人）
　　　許榮輝（時任中原大學地景建築學系客座副教授）
　　　陳明城（放築塾創意行銷有限公司建築師）

老建築再生獎　虎尾厝沙龍、臺灣花磚博物館、臺灣銀行
設計特別獎　戴小芹建築師事務所

㉕ **第64屆**
2018年～2019年

主委：陳正雄
評審：蕭宗煌（國立故宮博物院院長、時任文化部政務次長）
　　　蕭瓊瑞（成功大學歷史學系名譽教授）
　　　鄭美華（實踐大學通識教育中心助理教授）

臺灣美術教育獎　廖新田
臺灣美術史獎　王秀雄
臺灣美術研究獎　蔣伯欣

㉖ **第65屆**
2019年～2020年

主委：林瓊瀛
評審：廖瓊枝（財團法人廖瓊枝歌仔戲文教基金會榮譽董事長）
　　　蔡欣欣（政治大學中國文學系教授）
　　　江武昌（民俗學者長期從事臺灣傳統戲曲、布袋戲的調查研究工作）
　　　紀慧玲（表演藝術評論台台長暨駐站評論人）

歌仔戲小生獎　孫凱琳、江亭瑩
歌仔戲小旦獎　陳昭薇
歌仔戲武旦獎　許家綺
歌仔戲老生獎　林祉淩

㉗ **第66屆**
2020年～2021年

主委：王政修
評審：孫大川（東華大學原住民民族學院榮譽教授）
　　　吳榮順（曾任臺北藝術大學音樂學院教授）
　　　周明傑（中華民國第四十一屆十大傑出青年、屏東大學助理教授）

樂舞育才貢獻獎　懷劭・法努司
部落文化復振獎　偕萬來、潘金榮
文化學術研究獎　林明福、鄭光博
服務貢獻獎　王國慶

㉘ **第67屆**
2021年～2022年

主委：蔡照檳
評審：黃明川（導演、臺灣獨立製片先行者、嘉義國際藝術紀錄影展藝術總監）
　　　麥覺明（導演、製作人、節目主持人）
　　　王焜生（藝評人、策展人）
　　　林坤鴻（商業攝影師）

臺灣風土人文獎　　許慧如、梁皆得、魏三峰、楊順發

㉙ **第68屆**
2022年～2023年

主委：林炎良
評審：臺北藝術大學
　　　林珀姬（臺北藝術大學傳統音樂學系兼任教授）
　　　林吳素霞（南管藝師、人間國寶）
　　　蔡淩蕙（臺北藝術大學傳統音樂學系專任副教授）
　　　李國俊（曾任中央大學中國文學系副教授）
　　　劉美芳（中國文化大學中國戲劇學系兼任助理教授）
　　　黃瑤慧（臺北藝術大學傳統音樂學系專任助理教授）

南管表演藝術傳承獎　　臺南市南聲社、臺北市華聲南樂團、臺北市和鳴南樂社

㉚ **第69屆**
2023年～2024年

主委：林承峯
評審：臺北藝術大學
　　　顏綠芬（曾任臺北藝術大學音樂學院教授）
　　　吳榮順（曾任臺北藝術大學音樂學院教授）
　　　車炎江（臺北藝術大學音樂學院助理教授）
　　　蔡淩蕙（臺北藝術大學傳統音樂學系專任副教授）
　　　魏心怡（臺北藝術大學傳統音樂學系專任助理教授）

臺灣民謠演奏團體　　屏東縣恆春鎮思想起民謠促進會
　　　　　　　　　　　屏東縣滿州鄉民謠協進會
　　　　　　　　　　　巴雀藝術團體

㉛ **第70屆**
2024 年～2025 年

主委：翁嘉立
評審：臺灣合唱協會
　　　翁佳芬（臺灣合唱協會理事長）
　　　李葭儀（臺北藝術大學音樂學院教授）
　　　古育仲（臺北愛樂文教基金會音樂總監）
　　　馬彼得（臺灣原聲童聲合唱團團長）
　　　錢善華（作曲家）

臺灣原住民合唱教育　吳聖穎
　臺灣合唱文化推廣　陳鳳文
　臺灣合唱作詞作曲　劉聖賢

臺北西區扶輪社
70週年紀念事業執行小組

社長 —— 王政修
秘書 —— 陳業鑫

第70屆紀念活動委員會
主委 —— 陳修忠

紀念事業委員會
主委 —— 邱再興
副主委 —— 翁嘉立
委員 —— 林經甫、郭俊宏、洪敏弘、黃政枝、林瓊瀛、郭瑞嵩、涂智益、
　　　　陳正雄、蔡照檳、林炎良、林承峯、李柏亨、張智銘

國家圖書館出版品預行編目(CIP)資料

咱的時代,咱的光:台灣文化的傳承與創新/
張雅琳, 黃怡蒨, 黃翎翔, 顏怡今作. --

第一版. -- 臺北市:遠見天下文化出版股份有限公司, 2025.02
　面；　公分
ISBN 978-626-417-145-8 (平裝)

1.CST: 人物志　　2.CST: 訪談　　3.CST: 臺灣

783.31　　　　　　　　　　　　　　　　113020781

社會人文 BGB605

咱的時代，咱的光
臺灣文化的傳承與創新

作者 —— 張雅琳、黃怡菁、黃翎翔、顏怡今

企劃出版部總編輯 —— 李桂芬
主編 —— 楊沛騏
責任編輯 —— 尹品心
攝影 —— 吳柏源（P.218、224）、李霈霆（P.42、47、48、50、52、128、162、168、186、192）、陳志淵（P.26、31、32、74、80、116、120、178、183、184、234、240）、黃鼎翔（P.106、154、194、200、226、229、233）、薛泰安（P.34、40、66、72、82、88、90、92、94、96、138、146、152、202、206、208）
圖片提供 —— 陳郁秀、清雅樂府、周明傑、斜槓青年創作體、王煌鵬、林國彰、榮興客家採茶劇團、許家綺、羅斌、黃伯驥、梁皆得、楊順發、韓旭東、吳日云、達達創意、徐嘉彬、李敏勇、彭瑞金、文學台灣基金會、謝三泰、楊允言、蕭瓊瑞、董昭民、董子祺
封面暨內頁設計 —— 江孟達
校對 —— 魏秋綢
專案顧問 —— 臺北西區扶輪社

出版者 —— 遠見天下文化出版股份有限公司
創辦人 —— 高希均、王力行
遠見‧天下文化 事業群榮譽董事長 —— 高希均
遠見‧天下文化 事業群董事長 —— 王力行
天下文化社長 —— 王力行
天下文化總經理 —— 鄧瑋羚
國際事務開發部兼版權中心總監 —— 潘欣
法律顧問 —— 理律法律事務所陳長文律師
著作權顧問 —— 魏啟翔律師
社址 —— 臺北市 104 松江路 93 巷 1 號
讀者服務專線 —— 02-2662-0012
傳真 —— 02-2662-0007；2662-0009
電子郵件信箱 —— cwpc@cwgv.com.tw
直接郵撥帳號 —— 1326703-6 號　遠見天下文化出版股份有限公司

製版廠 —— 東豪印刷事業有限公司
印刷廠 —— 富星彩色印刷設計股份有限公司
裝訂廠 —— 聿成裝訂股份有限公司
登記證 —— 局版台業字第 2517 號
總經銷 —— 大和書報圖書股份有限公司　電話／(02)8990-2588
出版日期 —— 2025 年 2 月 20 日　第一版第 1 次印行

定價 —— 550元
ISBN —— 978-626-417-145-8｜EISBN —— 9786264171410（EPUB）；9786264171403（PDF）
書號 —— BGB605
天下文化官網 —— bookzone.cwgv.com.tw

本書如有缺頁、破損、裝訂錯誤，請寄回本公司調換。
本書僅代表作者言論，不代表本社立場。

天下文化
Believe in Reading